Sección: Literatura

Pedro Salinas:
Poesía

Selección y nota preliminar de Julio Cortázar

El Libro de Bolsillo
Alianza Editorial
Madrid

Primera edición en «El Libro de Bolsillo»: 1971
Segunda edición en «El Libro de Bolsillo»: 1974

© Soledad Salinas de Marichal y Jaime Salinas
© Alianza Editorial, S. A., Madrid, 1971, 1974
  Calle Milán, 38; ☎ 200 0045
  ISBN: 84-206-1345-2
  Depósito legal: M. 24.228 - 1974
  Papel fabricado por Torras Hostench, S. A.
  Impreso en Ediciones Castilla. Maestro Alonso, 21. Madrid
  Printed in Spain

Tanto que decir sobre esta edición de poemas de Pedro Salinas, lo primero que la palabra antología es de las que se nos quedan como una espina de merluza y entonces nada, no la usamos y se acabó. Claro que como hay poemas que están y otros que no están, y las dos cosas han sido decididas por mí (usted perdone y disculpe, doctor), el resultado es una antología, pero si de entrada estoy diciendo que la palabrota me incomoda, usted lector sabrá lo que tiene que hacer, o sea, a) devolver el libro con inmensa indignación si es de los que creen en la seriedad profesional en eso de las antologías respetuosas, o b) sentir como una cosquillita en los dos rincones donde astutamente se juntan los labios para impedir que la boca siga más allá de lo razonable, y ahí nomás saltar desde esta misma frase a lo que realmente cuenta, los poemas que murmuran sus abejas en la colmena paralelepípeda que tiene en las manos, y ojo que a veces pican aunque casi siempre prefieren danzar en el aire de la lectura sus mensajes de alegría, ese otro nombre del amor y de Pedro Salinas.

¿Por qué no seré japonés? Fastidia tener que explicar

cosas, ponerse delante de lo que importa, abejas y palo-
mas, pero no me ha sido dado el milagro de un haikú que
lo fijaría todo en tres líneas y paf. Necesito señalar algu-
nos parámetros y después, como en la canción infantil,
abriremos la puerta que nos llevará a jugar. Salinas ya no
está con nosotros, yo no lo conocí y usted probablemente
tampoco, pero sucede que tampoco él conoce este día en
que usted va a leer sus poemas, este tiempo que vertigi-
nosamente deja atrás tantas estéticas y éticas, o sea (hi-
pótesis de trabajo): ¿Qué diría Salinas de esta selección
de su obra poética? La pregunta me ha hostigado como
el ojo a Caín en cada minuto de mi maldito trabajo qui-
rúrgico —que sí, que no, que en ésta está—, y por eso
me escapé como Caín de mi casa con los poemas en el
bolsillo y un cuaderno en blanco, anduve viajando por
Alemania y Austria (sic) leyendo, releyendo, eligiendo,
vacilando, en cafés, en hoteles, en los bosques del Pala-
tinado, en los cabarets de Nuremberg, en una colonia de
hippies de Heidelberg, en el Organismo Internacional de
Energía Atómica con sede en Viena, donde a veces me
contratan insensatamente para revisar traducciones, y de
tanta vagancia con Salinas en un autito azul y nosotros
de incógnito en países que eran una perfecta no man's
land, sin teléfonos ni cartas ni amigas ni diarios, así y con
una barbaridad de vino blanco y caminos rurales y posa-
das de aldea, la pregunta se fue contestando a sí misma,
sentí que si Salinas viviera hoy y fuera él quien armara
este libro en este tiempo, bajo estos ritmos del
setenta, para estos lectores que han aprendido por fin
que el único respeto a la poesía consiste en leer lo que
está vivo para ellos y el resto que se mande a guardar,
en un perdernos por valles y carreteras y gentes tan aje-
nas a lo español como las que él debió conocer en sus
últimos años y que estoy seguro le hubiera gustado reen-
contrar en la poesía que escriben hoy, violenta y de pura
bofetada como la de un Gary Snyder,

> eating peanuts I don't give a damn
> if anybody ever stops   I'll walk
> to San Francisco   what the hell

*así y entonces Pedro Salinas hubiera hecho algo parecido
a lo que hay aquí, u otra cosa pero en la misma línea, es
decir guardando lo que late entre los dedos y dejando caer
lo que ya está bien para las ediciones definitivas y anota-
das, esas que ya vienen con las polillas puestas. Yo se lo
pregunté tantas veces en los altos de la ruta o en las mesas
de los cafés, para asombro de camareros que me veían hablando con el aire, y sentí que un poeta quiere ser leído
contemporáneamente y no homenajeado en mármol con
corbata de discurso magistral, y que lo mejor de Salinas
saltaba de sus libros con una gracia de gato joven apenas
se le perdía el miedo a la irreverencia, a la cronología y al
qué dirán los hombres sabios. Con lo cual, en un mes de
trashumancia nada recomendable, esto.*

    *Agrego algunos detalles operacionales, como dicen por
ahí. La cronología se fue al diablo,* what the hell, *porque
hoy sabemos que hoy es solamente hoy,* hic et nunc *si le
gusta más, y en ese caso, ¿qué sentido tenía empezar res-
petuosamente por las etapas en que el poeta se busca a
sí mismo, para que al final el lector vaya llegando ya más
bien cansado a los grandes encuentros? No somos lectores de* opera omnia, *no hay tiempo, vamos a lo más en-
trañable, sin esa tópica progresión de juventud a madurez
que en el fondo es un problema personal del poeta y que
además ni siquiera vale con Salinas, la prueba está en que
el octavo poema de* Presagios, *su primer libro, contiene
ya el tono inconfundible que dará después* La voz a ti debida. *De la misma manera, si faltan aquí no pocos poemas de sus últimos tiempos, es porque a eso que llaman
evolución de una obra preferí la visión atemporal de la
poesía, ir reuniendo poemas por afinidades y ritmos y
contactos, de manera que todo está barajado como hay
que barajar un mazo antes de esa gran partida en la que
el poeta y su lector se juegan lo mejor que tienen.*

    *Para barajar tuve medrosamente que sustituir a Sali-
nas, optar desde mi lado. Pasó lo previsible: los poemas
de amor quedaron en su gran mayoría, son los que se
posan para siempre en ese árbol de la memoria que niega
el tiempo y lo anula, y una noche en un banco junto al*

*río en Tübingen, leyendo con ayuda de una linterna de
bolsillo, para escándalo y sospecha del guardián del par-
que (la torre de Hölderlin se recortaba en el agua del
Neckar), medí una vez más lo que ya había sabido hace
treinta años en la Argentina, que Salinas y Cernuda fueron en su tiempo y en su lengua los dos más grandes
poetas del amor, y que un maravilloso misterio se de-
vela apenas medimos el sentido de esa doble sumersión
en lo erótico, Salinas exigiendo la dialéctica ardorosa del
encuentro con la mujer, Cernuda extrapolando a nubes y
vientos panteístas el amor homosexual, cubriendo entre
los dos y sin saberlo una esfera total que tantas muta-
ciones, tantas quiebras de valores recibidos muestran hoy
como el dominio inalienable de ese hombre nuevo que
empieza ya a asistir a su último, impostergable adveni-
miento. Alguien hará un día con Cernuda lo que yo ahora
con Salinas, ya Octavio Paz precisó en su Cuadrivio cosas
que nadie se había animado a decir sobre el signo de su
poesía. Quede así claro que a la hora de elegir, los poemas
de amor de Salinas llenan casi todo el volumen, y que
además los he ido poniendo desde el vamos para que la
voz a él debida sea la más suya, la que su corazón prefi-
rió siempre. Desde luego los mezclo con otros, los llevo
y los traigo porque así hemos amado todos: los libros,
el cine, las carreteras, la metafísica, la lucha política, los
paisajes se desgajan de nuestros amores y les dan su último sentido, y desde ahí volvemos al profundo puerto,
entramos otra vez en la bahía que de alguna manera lo
contiene todo, la mujer que es la luna del hombre, el
agua original de la alegría y el consuelo. Vengan a decir-
nos —porque se dice por ahí— que Salinas cae en un
conceptismo de lo amoroso, que juega con la idea de lo
erótico (tu solo cuerpo posible:/tu dulce cuerpo pensa-
do), como si después de Dante o el Shakespeare de los
sonetos o John Keats o Apollinaire no fuera transparen-
te que en todo gran poeta la pasión suscita y alimenta un
sistema de intuiciones trascendentes, un desasosiego exis-
tencial, una metafísica que sólo los prejuicios y los voca-
bularios (que es lo mismo) disocian falsamente del río*

de la sangre enamorada. En Salinas la inteligencia también hace el amor, y su don poético que es, como siempre, el de establecer las relaciones más hondas y más vertiginosas posibles aquí abajo entre las formas del ser, para cazar, para poseer ontológicamente la realidad huyente, procede desde y en el amor. Cuando Salinas le habla a una mujer, le está hablando a todo lo que ella le da a ver, a todo lo que nace a partir de ella por el solo hecho de ceder o negarse a su pasión. Catulo y Dylan Thomas y Cesare Pavese y Paul Eluard lo supieron mejor que los dómines de turno; ojalá también ustedes, lectores de esta poesía, hombres de un tiempo que ha roto por fin tantos tabúes idiotas, tantos géneros y casillas y altos y bajos y blancos y negros. Alguna noche de vino y de hierbas fumables, con The Soft Machine *o* John Coltrane *afelpando el aire de reconciliación y contacto, lean en voz alta los poemas de Salinas, dibujen en un oído cegado por la tinta de imprenta ese árbol de poesía que Rilke sintió en el canto de Orfeo. No sé de mejor manera de pagar una larga deuda y recibir a la vez mucho más, infinitamente mucho más de lo que damos.*

Julio Cortázar
París, 1970

Suelo. Nada más.
Suelo. Nada menos.
Y que te baste con eso.
Porque en el suelo los pies hincados,
en los pies torso derecho,
en el torso la testa firme,
y allá, al socaire de la frente,
la idea pura y en la idea pura
el mañana, la llave
—mañana— de lo eterno.
Suelo. Ni más ni menos.
Y que te baste con eso.

Amiga

Para cristal te quiero,
nítida y clara eres.
Para mirar al mundo,
a través de ti, puro,
de hollín o de belleza,
como lo invente el día.
Tu presencia aquí, sí,
delante de mí, siempre,
pero invisible siempre,
sin verte y verdadera.
Cristal. ¡Espejo, nunca!

Hoy te han quitado, naranjo,
todas las naranjas de oro.
Las meten en unas cajas
y las llevan por los mares
a tierras sin naranjal.
Se creen
que te han dejado sin nada.
¡Mentira, naranjo mío!
Te queda el fruto dilecto
para mí solo, te queda
el fruto redondo y prieto
de tu sombra por el suelo,
y aunque éste nadie lo quiere,
yo vengo como un ladrón,
furtivamente, a apagar
en sus gajos impalpables
y seguros esa sed
que nunca se me murió
con el fruto de tus ramas.

«Este hijo mío siempre ha sido díscolo...
Se fue a América en un barco de vela,
no creía en Dios, anduvo
con mujeres malas y con anarquistas,
recorrió todo el mundo sin sentar la cabeza...
Y ahora que ha vuelto a mí, Señor,
ahora que parecía...»

Por la puerta entreabierta
entra un olor a flores y a cera.
Sobre el humilde pino del ataúd el hijo
ya tiene bien sentada la cabeza.

«Manuela Plá» se llama el barco.
Manuela Plá será sin duda el nombre
de la viuda del armador.
Vive en un puerto mediterráneo,
con un santo temor de Dios
y con santo amor a la renta
del cuatro por ciento interior.
Doña Manuela reza el rosario
todas las noches y se duerme
junto a un lorito centenario
que allá un día trajo de América
un barco de su propiedad.
Y mientras la armadora está
navegando por el mar manso
del rezo donde se adormece,
sobre los mares de verdad,
juvenil, fuerte y petulante
va adelante el «Manuela Plá».

Hijo mío, ven al mundo,
que preparado está ya   .
tu ajuar.
Brazos te esperan de madre
que te estrecharán;
silabarios donde aprendas
que *b* y *a* se dice *ba*;
cuna, caballo, avión
y servicio militar.
Muchas palabras en libros
y otras que van
entreoídas por los aires
al que las quiera captar.
Adjetivos graduados,
amable, bueno, genial,
escultor que te haga estatua
si te la sabes ganar
y olvido, el obrero terco
que la sepa derribar.

Y si algún día sintieras
que *b* y *a* no dicen *ba*,
que eres malo sin malicia,
bueno sin bondad,
dóblate sobre el brocal
del pozo y grita muy fuerte
tu verdad,
la que no estaba acuñada.
Y del hondo de las aguas
otra verdad te saldrá
y del hondo de las aguas
otros ojos
hermanos contestarán.

¡Cuánto rato te he mirado
sin mirarte a ti, en la imagen
exacta e inaccesible
que te traiciona el espejo!
«Bésame», dices. Te beso,
y mientras te beso pienso
en los fríos que serán
tus labios en el espejo.
«Toda el alma para ti»,
murmuras, pero en el pecho
siento un vacío que sólo
me lo llenará ese alma
que no me das.
El alma que se recata
con disfraz de claridades
en tu forma del espejo.

Fe mía

No me fío de la rosa
de papel,
tantas veces que la hice
yo con mis manos.
Ni me fío de la otra
rosa verdadera,
hija del sol y sazón,
la prometida del viento.
De ti que nunca te hice,
de ti que nunca te hicieron,
de ti me fío, redondo
seguro azar.

Ver lo que veo

Quisiera más que nada, más que sueño,
ver lo que veo.

No buscar hondos signos por celestes
mundos supremos.
Estrellas, a mi alcance, estos guijarros,
duros luceros.
Copia con ellos mano caprichosa
altos modelos;
fulgen, de cuarzo, las constelaciones
Cisne, Perseo.
Aquí las tengo.

Por tornasoles nunca iré al crepúsculo,
tan pasajeros.
Horizontes conozco comprimidos,
edenes ciertos.
Crepúsculos inmóviles, constantes,
sol sin descenso,
arreboles portátiles: los llevan
las conchas dentro.
Aquí los tengo.

Que entre brumas persigan las galeras
intactos reinos,
para dar a la tierra nueva tierra,
más viento al viento.
En la playa me estoy, al horizonte,
por vago, ajeno;
mis ojos dejo que en la arena abreven
todo su anhelo.
En estos granos, que por chicos vuelan
sólo a mi aliento,
hundo la mano, y en mi palma nace
áureo imperio.
De tierras de vergel, madres de rosas,
de altos roquedos,
de campos de trigal, de parameras,
la arena, restos.
Aquí descubro yo mis continentes,
mis archipiélagos.
Glorias del Almirante, Indias levísimas,
aquí las tengo:
(Apenas; que las cojo y ya se huyen
entre los dedos.)
El futuro, distancia. No te pierda
lo venidero.
A ti te acerca tu presente. Ser
es estar siendo.
Prisa, apetito de las lejanías,
torpe atropello

de las largas dulzuras del minuto:
da tiempo al tiempo.
A la orilla del río de su calma,
quieto, contemplo.
Por la visión de lo que está delante,
dejo el proyecto.
¿A qué darle palabras al poema,
si lo estoy viendo?
Los dos amantes, dulce río abajo,
sueltan los remos;
que los lleven las ondas sosegados,
amor es lento.
El caudal de su dicha y el del agua
fluyen parejos.
Lo que ellos hablan y la espuma dice
suena de acuerdo.
Alguien que no está en ellos, y sí en ellos,
sabe su término.
Mirándose en los ojos más cercanos
se ven el puerto.

¿Es lo que veo el río, o es el río?
¿Soy yo los dos amantes, o son ellos?

Sí. Ver lo que se ve. Ya está el poema,
aquí, completo.

Tú vives siempre en tus actos.
Con la punta de tus dedos
pulsas el mundo, le arrancas
auroras, triunfos, colores,
alegrías: es tu música.
La vida es lo que tú tocas.

De tus ojos, sólo de ellos,
sale la luz que te guía
los pasos. Andas
por lo que ves. Nada más.

Y si una duda te hace
señas a diez mil kilómetros,
lo dejas todo, te arrojas
sobre proas, sobre alas,
estás ya allí; con los besos,
con los dientes la desgarras:
ya no es duda.
Tú nunca puedes dudar.

Porque has vuelto los misterios
del revés. Y tus enigmas,
lo que nunca entenderás,
son esas cosas tan claras:
la arena donde te tiendes,
la marcha de tu reló
y el tierno cuerpo rosado
que te encuentras en tu espejo
cada día al despertar,
y es el tuyo. Los prodigios
que están descifrados ya.

Y nunca te equivocaste,
más que una vez, una noche
que te encaprichó una sombra
—la única que te ha gustado—.
Una sombra parecía.
Y la quisiste abrazar.
Y era yo.

Ha sido, ocurrió, es verdad.
Fue en un día, fue una fecha
que le marca tiempo al tiempo.
Fue en un lugar que yo veo.
Sus pies pisaban el suelo
este que todos pisamos.
Su traje
se parecía a esos otros
que llevan otras mujeres.
Su reló
destejía calendarios,
sin olvidarse una hora:
como cuentan los demás.
Y aquello que ella me dijo
fue en un idioma del mundo,
con gramática e historia.
Tan de verdad,
que parecía mentira.

No.
Tengo que vivirlo dentro,
me lo tengo que soñar.

Quitar el color, el número,
el aliento todo fuego,
con que me quemó al decírmelo.
Convertir todo en acaso,
en azar puro, soñándolo.
Y así, cuando se desdiga
de lo que entonces me dijo,
no me morderá el dolor
de haber perdido una dicha
que yo tuve entre mis brazos,
igual que se tiene un cuerpo.
Creeré que fue soñado.
Que aquello, tan de verdad,
no tuvo cuerpo, ni nombre.
Que pierdo
una sombra, un sueño más.

¿Por qué tienes nombre tú,
día, miércoles?
¿Por qué tienes nombre tú,
tiempo, otoño?
Alegría, pena, siempre
¿por qué tenéis nombre: amor?

Si tú no tuvieras nombre,
yo no sabría qué era,
ni cómo, ni cuándo. Nada.

¿Sabe el mar cómo se llama,
que es el mar? ¿Saben los vientos
sus apellidos, del Sur
y del Norte, por encima
del puro soplo que son?

Si tú no tuvieras nombre,
todo sería primero,
inicial, todo inventado
por mí,
intacto hasta el beso mío.
Gozo, amor: delicia lenta
de gozar, de amar, sin nombre.

Nombre: ¡qué puñal clavado
en medio de un pecho cándido
que sería nuestro siempre
si no fuese por su nombre!

Ahí, detrás de la risa,
ya no se te conoce.
Vas y vienes, resbalas
por un mundo de valses
helados, cuesta abajo;
y al pasar, los caprichos,
los prontos te arrebatan
besos sin vocación,
a ti, la momentánea
cautiva de lo fácil.
«¡Qué alegre!», dicen todos.
Y es que entonces estás
queriendo ser tú otra,
pareciéndote tanto
a ti misma, que tengo
miedo a perderte, así.

Te sigo. Espero. Sé
que cuando no te miren
túneles ni luceros,
cuando se crea el mundo
que ya sabe quién eres
y diga: «Sí, ya sé»,
tú te desatarás,
con los brazos en alto,
por detrás de tu pelo,
la lazada, mirándome.
Sin ruido de cristal
se caerá por el suelo,
ingrávida careta
inútil ya, la risa.
Y al verte en el amor
que yo te tiendo siempre
como un espejo ardiendo,
tú reconocerás
un rostro serio, grave,
una desconocida
alta, pálida y triste,
que es mi amada. Y me quiere
por detrás de la risa.

Yo no necesito tiempo
para saber cómo eres:
conocerse es el relámpago.
¿Quién te va a ti a conocer
en lo que callas, o en esas
palabras con que lo callas?
El que te busque en la vida
que estás viviendo, no sabe
más que alusiones de ti,
pretextos donde te escondes.
Ir siguiéndote hacia atrás
en lo que tú has hecho, antes,
sumar acción con sonrisa,
años con nombres, será
ir perdiéndote. Yo no.
Te conocí en la tormenta.
Te conocí, repentina,
en ese desgarramiento brutal
de tiniebla y luz,
donde se revela el fondo
que escapa al día y la noche.

Te vi, me has visto, y ahora,
desnuda ya del equívoco,
de la historia, del pasado,
tú, amazona en la centella,
palpitante de recién
llegada sin esperarte,
eres tan antigua mía,
te conozco tan de tiempo,
que en tu amor cierro los ojos,
y camino sin errar,
a ciegas, sin pedir nada
a esa luz lenta y segura
con que se conocen letras
y formas y se echan cuentas
y se cree que se ve
quién eres tú, mi invisible.

Para vivir no quiero
islas, palacios, torres.
¡Qué alegría más alta:
vivir en los pronombres!

Quítate ya los trajes,
las señas, los retratos;
yo no te quiero así,
disfrazada de otra,
hija siempre de algo.
Te quiero pura, libre,
irreductible: tú.
Sé que cuando te llame
entre todas las gentes
del mundo,
sólo tú serás tú.
Y cuando me preguntes
quién es el que te llama,
el que te quiere suya,
enterraré los nombres,
los rótulos, la historia.

Iré rompiendo todo
lo que encima me echaron
desde antes de nacer.
Y vuelto ya al anónimo
eterno del desnudo,
de la piedra, del mundo,
te diré:
«Yo te quiero, soy yo.»

Qué alegría, vivir
sintiéndose vivido.
Rendirse
a la gran certidumbre, oscuramente,
de que otro ser, fuera de mí, muy lejos,
me está viviendo.
Que cuando los espejos, los espías,
azogues, almas cortas, aseguran
que estoy aquí, yo, inmóvil,
con los ojos cerrados y los labios,
negándome al amor
de la luz, de la flor y de los nombres,
la verdad trasvisible es que camino
sin mis pasos, con otros,
allá lejos, y allí
estoy besando flores, luces, hablo.
Que hay otro ser por el que miro el mundo
porque me está queriendo con sus ojos.

Que hay otra voz con la que digo cosas
no sospechadas por mi gran silencio;
y es que también me quiere con su voz.
La vida —¡qué transporte ya!—, ignorancia
de lo que son mis actos, que ella hace,
en que ella vive, doble, suya y mía.
Y cuando ella me hable
de un cielo oscuro, de un paisaje blanco,
recordaré
estrellas que no vi, que ella miraba,
y nieve que nevaba allá en su cielo.
Con la extraña delicia de acordarse
de haber tocado lo que no toqué
sino con esas manos que no alcanzo
a coger con las mías, tan distantes.
Y todo enajenado podrá el cuerpo
descansar, quieto, muerto ya. Morirse
en la alta confianza
de que este vivir mío no era sólo
mi vivir: era el nuestro. Y que me vive
otro ser por detrás de la no muerte.

Afán
para no separarme
de ti, por tu belleza.

Lucha
por no quedar en donde quieres tú:
aquí, en los alfabetos,
en las auroras, en los labios.

Ansia
de irse dejando atrás
anécdotas, vestidos y caricias,
de llegar,
atravesando todo
lo que en ti cambia,
a lo desnudo y a lo perdurable.

Y mientras siguen
dando vueltas y vueltas, entregándose,
engañándose,
tus rostros, tus caprichos y tus besos,
tus delicias volubles, tus contactos
rápidos con el mundo,
haber llegado yo
al centro puro, inmóvil, de ti misma.
Y verte cómo cambias
—y lo llamas vivir—
en todo, en todo, sí,
menos en mí, donde te sobrevives.

Yo no puedo darte más.
No soy más que lo que soy.

¡Ay, cómo quisiera ser
arena, sol, en estío!
Que te tendieses
descansada a descansar.
Que me dejaras
tu cuerpo al marcharte, huella
tierna, tibia, inolvidable.
Y que contigo se fuese
sobre ti, mi beso lento:
color,
desde la nuca al talón,
moreno.

¡Ay, cómo quisiera ser
vidrio, o estofa o madera
que conserva su color
aquí, su perfume aquí,
y nació a tres mil kilómetros!
Ser
la materia que te gusta,
que tocas todos los días
y que ves ya sin mirar
a tu alrededor, las cosas
—collar, frasco, seda antigua—
que cuando tú echas de menos
preguntas: «¡Ay!, ¿dónde está?»

¡Y, ay, cómo quisiera ser
una alegría entre todas,
una sola, la alegría
con que te alegraras tú!
Un amor, un amor solo:
el amor del que tú te enamorases.

Pero
no soy más que lo que soy.

¿Regalo, don, entrega?
Símbolo puro, signo
de que me quiero dar.
Qué dolor, separarme
de aquello que te entrego
y que te pertenece
sin más destino ya
que ser tuyo, de ti,
mientras que yo me quedo
en la otra orilla, solo,
todavía tan mío.
Cómo quisiera ser
eso que yo te doy
y no quien te lo da.
Cuando te digo:
«Soy tuyo, sólo tuyo»,
tengo miedo a una nube,
a una ciudad, a un número

que me pueden robar
un minuto al amor
entero a ti debido.
¡Ah!, si fuera la rosa
que te doy; la que estuvo
en riesgo de ser otra
y no para tus manos,
mientras no llegué yo.
La que no tendrá ahora
más futuro que ser
con tu rosa, mi rosa,
vivida en ti, por ti,
en su olor, en su tacto.
Hasta que tú la asciendas
sobre su deshojarse
a un recuerdo de rosa,
segura, inmarcesible,
puesta ya toda a salvo
de otro amor u otra vida
que los que vivas tú.

Horizontal, sí, te quiero.
Mírale la cara al cielo,
de cara. Déjate ya
de fingir un equilibrio
donde lloramos tú y yo.
Ríndete
a la gran verdad final,
a lo que has de ser conmigo,
tendida ya, paralela,
en la muerte o en el beso.
Horizontal es la noche
en el mar, gran masa trémula
sobre la tierra acostada,
vencida sobre la playa.
El estar de pie, mentira:
sólo correr o tenderse.
Y lo que tú y yo queremos
y el día —ya tan cansado
de estar con su luz, derecho—
es que nos llegue, viviendo
y con temblor de morir,
en lo más alto del beso,
ese quedarse rendidos
por el amor más ingrávido,
al peso de ser de tierra,
materia, carne de vida.
En la noche y la trasnoche,
y el amor y el trasamor,
ya cambiados
en horizontes finales,
tú y yo, de nosotros mismos.

Lo que eres
me distrae de lo que dices.

Lanzas palabras veloces,
empavesadas de risas,
invitándome
a ir adonde ellas me lleven.
No te atiendo, no las sigo:
estoy mirando
los labios donde nacieron.

Miras de pronto a lo lejos.
Clavas la mirada allí,
no sé en qué, y se te dispara
a buscarlo ya tu alma
afilada, de saeta.
Yo no miro adonde miras:
yo te estoy viendo mirar.

Y cuando deseas algo
no pienso en lo que tú quieres,
ni lo envidio: es lo de menos.
Lo quieres hoy, lo deseas;
mañana lo olvidarás
por una querencia nueva.
No. Te espero más allá
de los fines y los términos.
En lo que no ha de pasar
me quedo, en el puro acto
de tu deseo, queriéndote.
Y no quiero ya otra cosa
más que verte a ti querer.

Me debía bastar
con lo que ya me has dado.
Y pido más, y más.
Cada belleza tuya
me parece el extremo
cumplirse de ti misma:
tú nunca podrás dar
otra cosa de ti
más perfecta. Se cierran
sin misión, ya, los ojos
a una luz, ya, sobrante.
Tal como me la diste,
la vida está completa:
tú, terminada ya.

Y de pronto se siente,
cuando ya te acababas
en asunción de ti,
que en tu mismo final,
renacida, te empiezas
otra vez. Y que el don
de·esa hermosura tuya
te abre
—límpida, insospechada—
otra hermosura nueva:
parece la primera.
Porque tu entrega es
reconquista de ti,
vuelta hacia adentro, aumento.
Por eso
pedirte que me quieras
es pedir para ti;
es decirte que vivas,
que vayas
más allá todavía
por las minas
últimas de tu ser.
La vida que te imploro
a ti, la inagotable,
te la alumbro, al pedírtela.
Y no te acabaré
por mucho que te pida
a ti, infinita, no.
Yo sí me iré acabando,
mientras tú, generosa,
te renuevas y vives
devuelta a ti, aumentada
en tus dones sin fin.

La forma de querer tú
es dejarme que te quiera.
El sí con que te me rindes
es el silencio. Tus besos
son ofrecerme los labios
para que los bese yo.
Jamás palabras, abrazos,
me dirán que tú existías,
que me quisiste: jamás.
Me lo dicen hojas blancas,
mapas, augurios, teléfonos;
tú, no.
Y estoy abrazado a ti
sin preguntarte, de miedo
a que no sea verdad
que tú vives y me quieres.
Y estoy abrazado a ti
sin mirar y sin tocarte.
No vaya a ser que descubra
con preguntas, con caricias,
esa soledad inmensa
de quererte sólo yo.

¡Qué probable eres tú!
Si los ojos me dicen,
mirándote, que no,
que no eres de verdad,
las manos y los labios,
con los ojos cerrados,
recorren tiernas pruebas:
la lenta convicción
de tu ser, va ascendiendo
por escala de tactos,
de bocas, carne y carne.
Si tampoco lo creo,
algo más denso ya,
más palpable, la voz
con que dices: «Te quiero»,
lucha para afirmarte
contra mi duda. Al lado
un cuerpo besa, abraza,

frenético, buscándose
su realidad aquí
en mí que no la creo;
besa
para lograr su vida
todavía indecisa,
puro milagro, en mí.
Y lentamente vas
formándote tú misma,
naciéndote,
dentro de tu querer,
de mi querer, confusos,
como se forma el día
en la gran duda oscura.
Y agoniza la antigua
criatura dudosa
que tú dejas atrás,
inútil ser de antes,
para que surja al fin
la irrefutable tú,
desnuda Venus cierta,
entre auroras seguras,
que se gana a sí misma
su nuevo ser, queriéndome.

Perdóname por ir así buscándote
tan torpemente, dentro
de ti.
Perdóname el dolor, alguna vez.
Es que quiero sacar
de ti tu mejor tú.
Ese que no te viste y que yo veo,
nadador por tu fondo, preciosísimo.
Y cogerlo
y tenerlo yo en alto como tiene
el árbol la luz última
que le ha encontrado al sol.
Y entonces tú
en su busca vendrías, a lo alto.
Para llegar a él
subida sobre ti, como te quiero,
tocando ya tan sólo a tu pasado
con las puntas rosadas de tus pies,
en tensión todo el cuerpo, ya ascendiendo
de ti a ti misma.

Y que a mi amor entonces, le conteste
la nueva criatura que tú eras.

A la noche se empiezan
a encender las preguntas.
Las hay distantes, quietas,
inmensas, como astros:
preguntan desde allí
siempre
lo mismo: cómo eres.
Otras,
fugaces y menudas,
querrían saber cosas
leves de ti y exactas:
medidas
de tus zapatos, nombre
de la esquina del mundo
donde me esperarías.

Tú no las puedes ver,
pero tienes el sueño
cercado todo él
por interrogaciones
mías.
Y acaso alguna vez
tú, soñando, dirás
que sí, que no, respuestas
de azar y de milagro
a preguntas que ignoras,
que no ves, que no sabes.
Porque no sabes nada;
y cuando te despiertas,
ellas se esconden, ya
invisibles, se apagan.
Y seguirás viviendo
alegre, sin saber
que en media vida tuya
estás siempre cercada
de ansias, de afán, de anhelos,
sin cesar preguntándote
eso que tú no ves
ni puedes contestar.

¡Qué paseo de noche
con tu ausencia a mi lado!
Me acompaña el sentir
que no vienes conmigo.
Los espejos, el agua
se creen que voy solo;
se lo creen los ojos.
Sirenas de los cielos
aún chorreando estrellas,
tiernas muchachas lánguidas,
que salen de automóviles,
me llaman. No las oigo.
Aún tengo en el oído
tu voz, cuando me dijo:
«No te vayas.» Y ellas,
tus tres palabras últimas,
van hablando conmigo
sin cesar, me contestan

a lo que preguntó
mi vida el primer día.
Espectros, sombras, sueños,
amores de otra vez,
de mí compadecidos,
quieren venir conmigo,
van a darme la mano.
Pero notan de pronto
que yo llevo estrechada,
cálida, viva, tierna,
la forma de una mano
palpitando en la mía.
La que tú me tendiste
al decir: «No te vayas.»
Se van, se marchan ellos,
los espectros, las sombras,
atónitos de ver
que no me dejan solo.
Y entonces la alta noche,
la oscuridad, el frío,
engañados también,
me vienen a besar.
No pueden; otro beso
se interpone, en mis labios.
No se marcha de allí,
no se irá. El que me diste,
mirándome a los ojos
cuando yo me marché,
diciendo: «No te vayas.»

Imposible llamarla.
Yo no dormía. Ella
creyó que yo dormía.
Y la dejé hacer todo:
ir quitándome
poco a poco la luz
sobre los ojos.
Dominarse los pasos,
el respirar, cambiada
en querencia de sombra
que no estorbara nunca
con el bulto o el ruido.
Y marcharse despacio,
despacio, con el alma,
para dejar detrás
de la puerta, al salir,
un ser que descansara.
Para no despertarme,

a mí, que no dormía.
Y no pude llamarla.
Sentir que me quería,
quererme, entonces, era
irse con los demás,
hablar fuerte, reír,
pero lejos, segura
de que yo no la oiría.
Liberada ya, alegre,
cogiendo mariposas
de espuma, sombras verdes
de olivos, toda llena
del gozo de saberme
en los brazos aquellos
a quienes me entregó
—sin celos, para siempre,
de su ausencia—, del sueño
mío, que no dormía.
Imposible llamarla.
Su gran obra de amor
era dejarme solo.

Tú no puedes quererme:
estás alta, ¡qué arriba!
Y para consolarme
me envías sombras, copias,
retratos, simulacros,
todos tan parecidos
como si fueses tú.
Entre figuraciones
vivo, de ti, sin ti.
Me quieren,
me acompañan. Nos vamos
por los claustros del agua,
por los hielos flotantes,
por la pampa, o a cines
minúsculos y hondos.
Siempre hablando de ti.
Me dicen:
«No somos ella, pero
¡si tú vieras qué iguales!»
Tus espectros, qué brazos
largos, qué labios duros
tienen: sí, como tú.
Por fingir que me quieres,
me abrazan y me besan.
Sus voces tiernas dicen
que tú abrazas, que tú
besas así. Yo vivo
de sombras, entre sombras
de carne tibia, bella,
con tus ojos, tu cuerpo,
tus besos, sí, con todo
lo tuyo menos tú.
Con criaturas falsas,
divinas, interpuestas
para que ese gran beso
que no podemos darnos
me lo den, se lo dé.

Se te está viendo la otra.
Se parece a ti:
los pasos, el mismo ceño,
los mismos tacones altos
todos manchados de estrellas.
Cuando vayáis por la calle
juntas, las dos,
¡qué difícil el saber
quién eres, quién no eres tú!
Tan iguales ya, que sea
imposible vivir más
así, siendo tan iguales.
Y como tú eres la frágil,
la apenas siendo, tiernísima,
tú tienes que ser la muerta.

Tú dejarás que te mate,
que siga viviendo ella,
embustera, falsa tú,
pero tan igual a ti
que nadie se acordará
sino yo de lo que eras.
Y vendrá un día
—porque vendrá, sí, vendrá—
en que al mirarme a los ojos
tú veas
que pienso en ella y la quiero:
tú veas que no eres tú.

Entre tu verdad más honda
y yo
me pones siempre tus besos.
La presiento, cerca ya,
la deseo, no la alcanzo;
cuando estoy más cerca de ella
me cierras el paso tú,
te me ofreces en los labios.
Y ya no voy más allá.
Triunfas. Olvido, besando,
tu secreto encastillado.
Y me truecas el afán
de seguir más hacia ti,
en deseo
de que no me dejes ir
y me beses.
                   Ten cuidado.

Te vas a vender, así.
Porque un día el beso tuyo,
de tan lejos, de tan hondo
te va a nacer,
que lo que estás escondiendo
detrás de él
te salte todo a los labios.
Y lo que tú me negabas
—alma delgada y esquiva—
se me entregue, me lo des
sin querer
donde querías negármelo.

No preguntarte me salva.
Si llegase a preguntar
antes de decir tú nada,
¡qué claro estaría todo,
todo qué acabado ya!
Sería cambiar tus brazos,
tus auroras, indecisas
de hacia quién,
sería cambiar la duda
donde vives, donde vivo
como en un gran mundo a oscuras,
por una moneda fría
y clara: lo que es verdad.
Te marcharías, entonces.

Donde está tu cuerpo ahora,
vacilante, todo trémulo
de besarme o no, estaría
la certidumbre: tu ausencia
sin labios. Y donde está
ahora la angustia, el tormento,
cielos negros, estrellados
de puede ser, de quizás,
no habría más que ella sola.
Mi única amante ya siempre,
y yo a tu lado, sin ti.
Yo solo con la verdad.

Dime, ¿por qué ese afán
de hacerte la posible,
si sabes que tú eres
la que no serás nunca?
Tú a mi lado, en tu carne,
en tu cuerpo, eres sólo
el gran deseo inútil
de estar aquí a mi lado
en tu cuerpo, en tu carne.
En todo lo que haces,
verdadero, visible,
no se consuma nada,
ni se realiza, no.
Lo que tú haces no es más
que lo que tú querrías
hacer mientras lo haces.

Las palabras, las manos
que me entregas, las beso
por esa voluntad
tuya e irrealizable
de dármelas, al dármelas.
Y cuanto más te acercas
contra mí y más te estrechas
contra el no indestructible
y negro, más se ensanchan
de querer abolirlas,
de afán de que no existan,
las distancias sin fondo
que quieres ignorar
abrazándome. Y siento
que tu vivir conmigo
es signo puro, seña,
en besos, en presencias
de lo imposible, de
tu querer vivir
conmigo, mía, siempre.

No quiero que te vayas,
dolor, última forma
de amar. Me estoy sintiendo
vivir cuando me dueles
no en ti, ni aquí, más lejos:
en la tierra, en el año
de donde vienes tú,
en el amor con ella
y todo lo que fue.
En esa realidad
hundida que se niega
a sí misma y se empeña
en que nunca ha existido,
que sólo fue un pretexto
mío para vivir.

Si tú no me quedaras,
dolor, irrefutable,
yo me lo creería;
pero me quedas tú.
Tu verdad me asegura
que nada fue mentira.
Y mientras yo te sienta,
.tú me serás, dolor,
la prueba de otra vida
en que no me dolías.
La gran prueba, a lo lejos,
de que existió, que existe,
de que me quiso, sí,
de que aún la estoy queriendo.

No en palacios de mármol,
no en meses, no, ni en cifras,
nunca pisando el suelo:
en leves mundos frágiles
hemos vivido juntos.
El tiempo se contaba
apenas por minutos:
un minuto era un siglo,
una vida, un amor.
Nos cobijaban techos,
menos que techos, nubes;
menos que nubes, cielos;
aun menos, aire, nada.
Atravesando mares
hechos de veinte lágrimas,
diez tuyas y diez mías,
llegábamos a cuentas
doradas de collar,

islas limpias, desiertas,
sin flores y sin carne;
albergue, tan menudo,
en vidrio, de un amor
que se bastaba él solo
para el querer más grande
y no pedía auxilio
a los barcos ni al tiempo.
Galerías enormes
abriendo
en los granos de arena,
descubrimos las minas
de llamas o de azares.
Y todo
colgando de aquel hilo
que sostenía, ¿quién?
Por eso nuestra vida
no parece vivida:
desliz, resbaladora,
ni estelas ni pisadas
dejó detrás. Si quieres
recordarla, no mires
donde se buscan siempre
las huellas y el recuerdo.
No te mires al alma,
a la sombra, a los labios.
Mírate bien la palma
de la mano, vacía.

Figuraciones

Parecen nubes. Veleras,
voladoras, lino, pluma,
al viento, al mar, a las ondas
—parecen el mar— del viento,
al nido, al puerto, horizontes,
certeras van como nubes.

Parecen rumbos. Taimados
los aires soplan al sesgo,
el sur equivoca al norte,
alas, quillas, trazan rayas,
—aire, nada, espuma, nada—,
sin dondes. Parecen rumbos.

Parece el azar. Flotante
en brisas, olas, caprichos,
¡qué disimulado va,
tan seguro, a la deriva
querenciosa del engaño!
¡Qué desarraigado, ingrávido,
entre voces, entre imanes,
entre orillas, fuera, arriba,
suelto! Parece el azar.

Reló pintado

Las dos y veinticinco. Sí. Pero no aquí, no.
¿En qué día serían
las dos y veinticinco esas,
en qué mundo serán
las dos y veinticinco, de qué año?
¡Qué bien está esa hora
boba, suelta, volando
por los limbos del tiempo!
Se ve que es una hora
en que no pasó nada más que ella:
sus sesenta minutos
lentísimos, sesenta besos largos,
inocentes
en la mejilla tierna de una tarde
de un setiembre cualquiera, no sé dónde.
Hasta de dejar de ser
hora de paso en su ascensión
a esto que ya es ahora: un alma de hora
escogida —¿por qué?—,
salvada de entre todas en la esfera
de aquel reló pintado, falso, alegre
medida de lo eterno.

Los puentes

¿Qué habría sido de nosotros, di,
si no existieran puentes?
Pero hay puentes, hay puentes. ¿Los recuerdas?

Nada mejor para pasar las noches
sin algas, en que enero
escribe cartas a la primavera
con níveos alfabetos sobre el mundo,
que abrirse la memoria, el viejo álbum
que lleva en casa varios años
puesto sobre la mesa de la sala
para que se entretengan las visitas.
Voy a abrirle.
Y como estás dormida y estás lejos
le podremos mirar sin esa prisa
que tiembla en tu mirada cuando vienes.
Le podremos mirar, sí, con los ojos
que tú te quitas siempre y que me entregas,
cuando vas a dormir, como sortijas,
para que yo los guarde y no esté ciego.
(Tus ojos son más míos cuando duermes
porque miran a nada o a los sueños,
y yo soy ese sueño, o nada, tuyo.)

Y hoja por hoja,
sin miedo a que se escape tu mirada
con algún dios que cruza por la esquina,
iremos, yo, tus ojos y yo, mientras descansas,
bajo los tersos párpados vacíos,
a cazar puentes, puentes como liebres,
por los campos del tiempo que vivimos.
No puede haber un puente
tan breve como éste,
que es el primero que encontramos: tú.
¿Recuerdas cuántas veces
le hemos cruzado?
Por lejos que se esté si digo: «tú»,
si dices: «tú», se pasa invariablemente,
de mí a ti, de ti a mí.
Se pasa
sin sentirlo las alas,
y de pronto me encuentro
en el lugar más bello de tu orilla
a la sombra que me hace siempre el alma
cuyo tierno ramaje inmarcesible
son tus miradas, cuando a mí me miran.
Millones de palabras nos apartan,
nombres propios o verbos,
y hablar de lo demás es siempre un río
que aumenta las distancias de este mundo,
hasta que sin querer se dice: «tú».
«Tú», la palabra sola
por donde un gran amor puede pasar
a las islas felices,
seguro, con su séquito
de caballos alegres y corales.
En el álbum conservo
por si un día te mueres y lo olvidas,
en la página ciento veintidós
y nítida, la estampa
del primer puente o «tú» que nos dijimos.

Sigamos, sí, pasando hojas. Mira:
este es un puente largo, es de cristales;
se labra, sobre todo, por las noches.
Hay lágrimas que no se pierden nunca
mejilla abajo, en los pañuelos
con que inocentemente pretendemos
cortarles su querencia. Su querencia
se cumple: lo que quieren es unir.
Y nunca que se llora se está lejos.
O tu llanto o mi llanto
sobre las soledades se han tendido
uniendo las distancias
que abren la lógica y las risas
tan peligrosamente
que de no haber sabido llorar bien
junto a helechos minúsculos,
ahora tú y yo estaríamos
separados contentos, y mirándonos
en esas sensateces como espejos,
cuadradas y evidentes, que intentamos
entregarnos un día, al despedirnos.
Lo que nunca he podido averiguar
aunque he hecho muchos cálculos en láminas
de lagos, con las plumas de los cisnes
es el número
necesario de lágrimas
para poder pasar sin miedo alguno
donde queremos ir. Acaso baste
como bastó una tarde de noviembre,
que está en el álbum, poco más allá,
con que tus ojos tiemblen,
tiemblen, humedecidos, sin llorar.

Permíteme también que te recuerde
tu verde pitillera,
sus cigarrillos y la breve máquina
de plata en que trasmite
después de tantos siglos afanosos
su ambiciosa tarea Prometeo
a unos esbeltos dedos de mujer.
Quizá no sepas, joven todavía,
que el humo lleva siempre a alguna parte
donde se quiere estar
si se le pisa con los pies debidos.
Y que tú, a veces, cuando en los divanes
con que la tarde amuebla las ausencias,
tan sin bulto te tiendes como luz,
y das principio a un humo con tus labios,
te has quedado de pronto tan vacía
ya tan fuera de ti, que es necesario
suponer la existencia de algún puente
gris, azul, pero siempre caprichoso
por donde te encaminas hacia mí.
Por eso luego están los ceniceros
llenos de ruinas, como el recordar.
Y ya no quiero
cansarte más, el álbum
suele cansar. Te enseñaré, lo último,
la esfera de un reló, toda ella puentes.
Como pasamos juntos
un día entero sin pecado alguno,
ningún minuto nos separa ya.
Escoge, busca, entre las veinticuatro
crueles separadoras de los hombres,
una que no nos haya unido, una.
Busca
en las horas de invierno
cuando a las cuatro era de noche
y cantaban los tés en las teteras:
verás un puente, allí.

Busca en las horas de las vacaciones,
las matinales, en las cándidas auroras
que de puro blancor avergonzaron
a las tristes censuras de la noche
apagando su voz. Y nos encontrarás.
Escruta los rincones
más raros, en el tiempo;
las tres y cinco de la madrugada,
cuando se paran todos los rencores
ante dos cuerpos que enlazados duermen;
las doce, tan redondas, del estío,
las seis y veinte, la una y treinta y dos:
todas han sido puentes y conservan
las huellas que imprimimos, su gran honra.
Si por unas pasaste
toda hacia mí en los labios
sacrificándome tu cuerpo
para que se lograra lo inmortal,
por otras has cruzado,
sin sentirlo tú misma, cuando yo
velaba tu misterio adormecido.
Todas las horas fueron y vinieron
de ti a mí, de mí a ti.
Y cuando vayas por el mundo sola
y veas los relojes de estaciones
donde tanto se cuenta ir y venir,
o cuando tu muñeca se desciña
el recuerdo mejor que yo te di,
comprenderás que por cualquier hora
podemos encontrar lo que buscábamos:
el amor y las horas por venir.

No hay más estampas.
Cerremos la memoria.
Y cuando te despierte
y yo vuelva a colocar los ojos
allí, donde ellos me enseñaron a mirar,
te hablaré en voz muy baja de otro puente,
por si acaso tú quieres.
Porque queda otro y otro y otro, aún.

Hallazgo

No te busco
porque sé que es imposible
encontrarte así, buscándote.

Dejarte. Te dejaré
como olvidada
y pensando en otras cosas
para no pensar en ti,
pero pensándote a ti
en ellas, disimulada.
Frases simples por los labios:
«Mañana tengo que hacer...»
«Eso sí, mejor sería...»
Distracción. ¡Qué fácil todo,
qué sencillo todo ya, tú
olvidada!

Y entonces,
de pronto —¿por cuál será
de los puntos cardinales?—
te entregarás, disfrazada
de sorpresa,
con ese traje tejido
de repentes, de improvisos,
puesto para sorprenderme,
que yo mismo te inventé.

¿Serás, amor,
un largo adiós que no se acaba?
Vivir, desde el principio, es separarse.
En el primer encuentro
con la luz, con los labios,
el corazón percibe la congoja
de tener que estar ciego y sólo un día.
Amor es el retraso milagroso
de su término mismo:
es prolongar el hecho mágico,
de que uno y uno sean dos, en contra
de la primer condena de la vida.
Con los besos,
con la pena y el pecho se conquistan,
en afanosas lides, entre gozos
parecidos a juegos,
días, tierras, espacios fabulosos,
a la gran disyunción que está esperando,
hermana de la muerte o muerte misma.

Cada beso perfecto aparta el tiempo,
le echa hacia atrás, ensancha el mundo breve
donde puede besarse todavía.
Ni en el llegar, ni en el hallazgo
tiene el amor su cima:
es en la resistencia a separarse
en donde se le siente,
desnudo, altísimo, temblando.
Y la separación no es el momento
cuando brazos, o voces,
se despiden con señas materiales.
Es de antes, de después.
Si se estrechan las manos, si se abraza,
nunca es para apartarse,
es porque el alma ciegamente siente
que la forma posible de estar juntos
es una despedida larga, clara.
Y que lo más seguro es el adiós.

¡Sensación de retorno!
Pero ¿de dónde, dónde?
Allí estuvimos, sí,
juntos. Para encontrarnos
este día tan claro
las presencias de siempre
no bastaban. Los besos
se quedaban a medio
vivir de sus destinos:
no sabían volar
de su ser en las bocas
hacia su pleno más.
Mi mirada, mirándote,
sentía paraísos
guardados más allá,
virginales jardines
de ti, donde con esta
luz de que disponíamos
no se podría entrar.

Por eso nos marchamos.
Se deshizo el abrazo,
se apartaron los ojos,
dejaron de mirarse
para buscar el mundo
donde nos encontráramos.
Y ha sido allí, sí, allí,
Nos hemos encontrado
allí. ¿Cómo, el encuentro?

¿Fue como beso o llanto?
¿Nos hallamos
con las manos, buscándonos
a tientas, con los gritos,
clamando, con las bocas
que el vacío besaban?
¿Fue un choque de materia
y materia, combate
de pecho contra pecho,
que a fuerza de contactos
se convirtió en victoria
gozosa de los dos,
en prodigioso pacto
de tu ser con mi ser
enteros?
¿O tan sencillo fue,
tan sin esfuerzo, como
una luz que se encuentra
con otra luz, y queda
iluminado el mundo,
sin que nada se toque?
Ninguno lo sabemos.
Ni el dónde. Aquí en las manos,
como las cicatrices,
allí, dentro del alma,
como un alma del alma,
pervive el prodigioso
saber que nos hallamos,
y que su donde está

para siempre cerrado.
Ha sido tan hermoso
que no sufre memoria,
como sufren las fechas
los nombres o las líneas.
Nada en ese milagro
podría ser recuerdo:
porque el recuerdo es
la pena de sí mismo,
el dolor del tamaño,
del tiempo, y todo fue
eternidad: relámpago.
Si quieres recordarlo
no sirve el recordar.
Sólo vale vivir
de cara hacia ese donde,
queriéndolo, buscándolo.

Lo nunca igual

Si esto que ahora vuelvo a ver
yo no lo vi nunca, no.
Dicen que es lo mismo, que es
lo de ayer, lo de entonces;
el cielo, el escaparate,
el buzón de echar las cartas
y la barca por el río.
¡Mentira! Si yo ya sé
que se murió todo eso
en otoño, al irme yo.
Que esto ahora
—imposible identidad
de un nueve con otro nueve—
es otra cosa, otra tierra
que brotaron anteayer,
nuevas, tiernas, recientísimas,
tan parecidas a aquellas
que todos me dicen: «Mira,
aquí vivías tú, aquí.»

Amsterdam

Esta noche te cruzan
verdes, rojas, azules, rapidísimas
luces extrañas por los ojos.
¿Será tu alma?
¿Son luces de tu alma, si te miro?
Letras son, nombres claros
al revés, en tus ojos.
Son nombres: *Universum*,
se iluminan, se apagan, con latidos
de luz de corazón. *Universum*.
Miro; ya sé; ya leo:
Universum cinema, ocho cilindros,
saldo de blanco junto a las estrellas.
Te quiero así inocente, toda ajena,
palpitante
en lo que está fuera de ti, tus ojos
proclamando las vívidas
verdades de colores de la noche.
Las compraremos todas
cuando se abran las tiendas, ahora mismo
—*Universum* cinema—, cuando bese
las luces de tu alma, sí, las luces,
anuncios luminosos de la vida
en la noche, en tus ojos.

¿Tú sabes lo que eres
de mí?
¿Sabes tú el nombre?

                      No es
el que todos te llaman,
esa palabra usada
que se dicen las gentes,
si besan o se quieren,
porque ya se lo han dicho
otros que se besaron.
Yo no lo sé, lo digo,
se me asoma a los labios
como una aurora virgen
de la que no soy dueño.

Tú tampoco lo sabes,
lo oyes. Y lo recibe
tu oído igual que el silencio
que nos llega hasta el alma
sin saber de qué ausencias
de ruidos está hecho.
¿Son letras, son sonidos?
Es mucho más antiguo.
Lengua de paraíso,
sones primeros, vírgenes
tanteos de los labios,
cuando, antes de los números,
en el aire del mundo
se estrenaban los nombres
de los gozos primeros.
Que se olvidaban luego
para llamarlo todo
de otro modo al hacerlo
otra vez: nuevo son
para el júbilo nuevo.
En ese paraíso
de los tiempos del alma,
allí, en el más antiguo,
es donde está tu nombre.
Y aunque yo te lo llamo
en mi vida, a tu vida,
con mi boca, a tu oído,
en esta realidad,
como él no deja huella
en memoria ni en signo,
y apenas lo percibes,
nítido y momentáneo,
a su cielo se vuelve
todo alado de olvido,
dicho parece en sueños,
sólo en sueños oído.

Y así, lo que tú eres,
cuando yo te lo digo
no podrá serlo nadie,
nadie podrá decírtelo.
Porque ni tú ni yo
conocemos su nombre
que sobre mí desciende,
pasajero de labios,
huésped
fugaz de los oídos
cuando desde mi alma
lo sientes en la tuya,
sin poderlo aprender,
sin saberlo yo mismo.

La tarde libre

La semana de abril
de pronto se sintió
una ausencia en el pecho:
jueves, su corazón.
Sí, robamos el jueves.
Ella y yo, silenciosos,
de la mano, los dos.
Le robamos con todo.
Con los circos redondos,
y sus volatineras
tiernas, conceptuosas
doncellas de los saltos.
Con las cajas de lápices,
rojos, azules, verdes,
y blancos, blancos, blancos,
blancos, para escribir
en las diez de la noche
de los cielos más negros

cartas a las auroras.
Con las tiendas sin nadie:
se vendían paisajes,
héroes, teorías,
arpas. Y todo a cambio
de arena de la playa.
De arena tan hermosa
que al mirarla
no se compraba nada
por no dejarla allí
color de carne intacta,
entre plata, entre cobre.
Con todo, sí, con todo.
Con escuelas de adioses
a las sombras y al beso.
Al salir se creían
los cuerpos y los labios
que nunca estaban solos.
Sí, con todo y sin fin.
Delicia de ser cómplices
en delicias, los dos.
Y en el borde del miércoles
ver quedarse parados
almanaques atónitos
—no podían seguir—
mientras tú y yo secretos,
ya más allá del cielo,
del tiempo, de los números,
vivíamos el jueves.

Navacerrada, abril

Los dos solos. ¡Qué bien
aquí, en el puerto, altos!
Vencido verde, triunfo
de los dos, al venir
queda un paisaje atrás:
otro enfrente, esperándonos.
Parar aquí un minuto.
Sus tres banderas blancas
—soledad, nieve, altura—
agita la mañana.
Se rinde, se me rinde.
Ya su silencio es mío:
posesión de un minuto.

Y de pronto mi mano
que te oprime, y tú, yo,
—aventura de arranque
eléctrico—, rompemos
el cristal de las doce,
a correr por un mundo
de asfalto y selva virgen.
Alma mía en la tuya
mecánica; mi fuerza,
bien medida, la tuya,
justa: doce caballos.

Far West

¡Qué viento a ocho mil kilómetros!
¿No ves cómo vuela todo?
¿No ves los cabellos sueltos
de Mabel, la caballista
que entorna los ojos limpios
ella, viento, contra el viento?
¿No ves
la cortina estremecida,
ese papel revolado
y la soledad frustrada
entre ella y tú por el viento?

Sí, lo veo.
Y nada más que lo veo.
Ese viento
está al otro lado, está
en una tarde distante
de tierras que no pisé.
Agitando está unos ramos
sin dónde,
está besando unos labios
sin quién.
No es ya viento, es el retrato
de un viento que se murió
sin que yo le conociera,
y está enterrado en el ancho
cementerio de los aires
viejos, de los aires muertos.

Sí le veo, sin sentirle.
Está allí, en el mundo suyo,
viento de cine, ese viento.

El alma tenías
tan clara y abierta,
que yo nunca pude
entrarme en tu alma.
Busqué los atajos
angostos, los pasos
altos y difíciles...
A tu alma se iba
por caminos anchos.
Preparé alta escala
—soñaba altos muros
guardándote el alma—
pero el alma tuya
estaba sin guarda
de tapial ni cerca.
Te busqué la puerta
estrecha del alma,
pero no tenía,
de franca que era,
entradas tu alma.
¿En dónde empezaba?
¿Acababa, en dónde?
Me quedé por siempre
sentado en las vagas
lindes de tu alma.

¿Por qué te entregas tan pronto?
(¡Nostalgia de resistencias
y de porfías robadas!)
Lo que era noche es de día
bruscamente, cual si a Dios,
autor de luz y tiniebla,
se le olvidara el crepúsculo
de las dulces rendiciones.
Cierro brazos, tú los abres.
Huyo. Y me esperas allí
en ese refugio mismo
donde de ti me escondía.
¡Facilidad, mala novia!
¡Pero me quería tanto...!

Madrid. Calle de...

¡Qué vacación de espejo por la calle!
Tendido boca arriba, cara al cielo,
todo de azogue estremecido y quieto,
bien atado le llevan.
Roncas bocinas vanamente urgentes
apresurar querrían
su lenta marcha de garzón cautivo.

¡Pero qué libre aquella tarde, fuera,
prisionero, escapado! Nadie
vino a mirarse en él. El sí que mira
hoy, por vez primera es ojos.
Cimeras ramas, cielos, nubes, vuelos
de extraviadas nubes, lo que nunca
entró en su vida, ve.
Si descansan sus guardas a los lados
acero, prisa, ruido,
corren. El, inmóvil
en el asfalto, liso estanque
momentáneo, hondísimo,
abre. Y le surcan
—de alas, de plumas, peces—
crepusculares golondrinas secas.

La distraída

No estás ya aquí. Lo que veo
de ti, cuerpo, es sombra, engaño.
El alma tuya se fue
donde tú te irás mañana.
Aún esta tarde me ofrece
falsos rehenes, sonrisas
vagas, ademanes lentos,
un amor ya distraído.
Pero tu intención de ir
te llevó donde querías,
lejos de aquí, donde estás
diciéndome:
«aquí estoy contigo, mira».
Y me señalas la ausencia.

Respuesta a la luz

Sí, sí, dijo el niño, sí.
Y nadie le preguntaba.
¿Qué le ofrecías, la noche,
tú, silencio, qué le dabas
para que él dijera a voces,
tanto sí, que sí, que sí?
Nadie le ofrecía nada.
Un gran mundo sin preguntas,
vacías las negras manos
—ámbitos de madrugada—,
alrededor enmudece.
Los síes —¡qué golpetazos
de querer en el silencio!—,
las últimas negativas
a la noche le quebraban.
Sí, sí a todo, a todo sí,
a la nada sí, por nada.

Allá por los horizontes
sin que nadie —él solo: nadie—
la escuchara, sigilosa
de albor, rosa y brisa tierna,
iba la pregunta muda,
naciendo ya, la mañana.

Vida segunda

Sí, tú naciste al borrárseme
tu forma.
Mientras yo te recordé
¡qué muerta estabas!
tan terminada en tus lindes.
Se te podía seguir
como en un mapa, clarísima,
al norte
la voz seca, boreal,
tibia, abandonada, al sur,
en litoral, la sonrisa.
Tú vivías, suficiente,
en tu color, en tus gestos,
encerrada entre medidas.

Pero un día de noviembre
dejaste en blanco tus atlas,
se abolieron tus fronteras,
te escapaste del recuerdo.
Estabas ya, sin tus límites,
perdida en la desmemoria.
Y te tuve que inventar
—era en el segundo día—
nueva,
con tu voz o sin tu voz,
con tu carne o sin tu carne.
Daba lo mismo.
Eras ya de mí, incapaz
de vivirte ya sin mí.
A mis medidas de dentro
te fui inventando, Afrodita,
perfecta de entre el olvido,
virgen y nueva, surgida
del olvido de tu forma.

Don de la materia

Entre la tiniebla densa
el mundo era negro: nada.
Cuando de un brusco tirón
—forma recta, curva forma—
le saca a vivir la llama.
Cristal, roble, iluminados
¡qué alegría de ser tienen,
en luz, en líneas, ser
en brillo y veta vivientes!
Cuando la llama se apaga
fugitivas realidades,
esa forma, aquel color,
se escapan.
¿Viven aquí o en la duda?
Sube lenta una nostalgia
no de luna, no de amor,
no de infinito. Nostalgia
de un jarrón sobre una mesa.

¿Están?
Yo busco por donde estaban.
Desbrozadora de sombras
tantea la mano. A oscuras
vagas huellas sigue el ansia.
De pronto, como una llama
sube una alegría altísima
de lo negro: luz del tacto.
Llegó al mundo de lo cierto.
Toca el cristal, frío, duro,
toca la madera, áspera.
¡Están!
La sorda vida perfecta
sin color, se me confirma,
segura, sin luz, la siento:
realidad profunda, masa.

Underwood Girls

Quietas, dormidas están,
las treinta, redondas, blancas.
Entre todas
sostienen el mundo.
Míralas, aquí en su sueño,
como nubes,
redondas, blancas, y dentro
destinos de trueno y rayo,
destinos de lluvia lenta,
de nieve, de viento, signos.
Despiértalas,
con contactos saltarines
de dedos rápidos, leves,
como a músicas antiguas.
Ellas suenan otra música:
fantasías de metal
valses duros, al dictado.

Que se alcen desde siglos
todas iguales, distintas
como las olas del mar
y una gran alma secreta.
Que se crean que es la carta,
la fórmula, como siempre.
Tú alócate
bien los dedos, y las
raptas y las lanzas,
a las treinta, eternas ninfas
contra el gran mundo vacío,
blanco en blanco.
Por fin a la hazaña pura,
sin palabras, sin sentido,
ese, zeda, jota, i...

35 *bujías*

Sí. Cuando quiera yo
la soltaré. Está presa
aquí arriba, invisible.
Yo la veo en su claro
castillo de cristal, y la vigilan
—cien mil lanzas— los rayos
—cien mil rayos— del sol. Pero de noche,
cerradas las ventanas
para que no la vean
—guiñadoras espías— las estrellas,
la soltaré. (Apretar un botón.)
Caerá toda de arriba
a besarme, a envolverme
de bendición, de claro, de amor, pura.

En el cuarto ella y yo no más, amantes
eternos, ella mi iluminadora
musa dócil en contra
de secretos en masa de la noche
—afuera—
descifraremos formas leves, signos,
perseguidos en mares de blancura
por mí, por ella, artificial princesa,
amada eléctrica.

La luz, que nunca sufre,
me guía bien.

(*Muchas gracias, adiós*)

¿La luz no es quien lo puso
todo en su tentativa de armonía?

(*Paso a la Aurora*)

JORGE GUILLÉN, en *Cántico*.

Tema

De mirarte tanto y tanto,
del horizonte a la arena,
despacio,
del caracol al celaje,
brillo a brillo, pasmo a pasmo,
te he dado nombre; los ojos
te lo encontraron, mirándote.
Por las noches,
soñando que te miraba,
al abrigo de los párpados
maduró, sin yo saberlo,
este nombre tan redondo
que hoy me descendió a los labios.
Y lo dicen asombrados
de lo tarde que lo dicen.

¡Si era fatal el llamártelo!
¡Si antes de la voz, ya estaba
en el silencio tan claro!
¡Si tú has sido para mí,
desde el día
que mis ojos te estrenaron,
el contemplado, el constante
Contemplado!

Variación III

Dulcenombre

Desde que te llamo así,
por mi nombre,
ya nunca me eres extraño.
Infinitamente ajeno,
remoto tú, hasta en la playa
—que te acercas, alejándote
apenas llegas—, tú eres
absoluto entimismado.

Pero tengo aquí en el alma
tu nombre, mío. Es el cabo
de una invisible cadena
que se termina en tu indómita
belleza de desmandado.
Te liga a mí, aunque no quieras.
Si te nombro, soy tu amo
de un segundo. ¡Qué milagro!
Tus desazones de espuma
abandonan sus caballos
de verdes grupas ligeras,
se amansan, cuando te llamo
lo que me eres: Contemplado.
Obra, sutil, el encanto
divino del cristianar.
Y aquí en este nombre rompe
mansamente tu arrebato,
aquí, en su letras —arenas—,
como en playa que te hago.
Tú no sabes, solitario
—sacramento del nombrar—,
cuando te nombro,
todo lo cerca que estamos.

Variación V

Pareja muy desigual

¡Qué pareja tan hermosa
esta nuestra, Contemplado!
La mirada de mis ojos,
y tú, que te estoy mirando.
Todo lo que ignoro yo
te lo tienes olvidado;
y ese cantar que me buscan
las horas, sin encontrarlo,
de la mañana a la noche,
con blanquísimo estribillo,
tus olas lo van cantando.
Porque estás hecho de siglos
me curaste de arrebatos;
se aprende a mirar en ti
por tus medidas sin cálculo
—dos, nada más: día y noche—

gozosamente despacio.
No quieres tú que te busquen
los ojos apresurados,
los que te dicen hermoso
y luego pasan de largo.
No ven. A ti hay que mirarte
como te miran los astros,
a sus azules mirandas
serenamente asomados.
Tú, Lazarillo de ojos,
llévate a estos míos; guíalos,
por la aurora, con espumas,
con nubes, por los ocasos;
tú, sólo, sabes trazar
los caminos de tus ámbitos.
Con las señas de la playa,
avísales de la tierra,
de su sombra, de su engaño.
A tu resplandor me entrego,
igual que el ciego a la mano;
se siente tu claridad
hasta en los ojos cerrados,
—presencia que no se ve—,
acariciando los párpados.
Por tanta luz tú no puedes
conducir a nada malo.
Con mi vista, que te mira,
poco te doy, mucho gano.
Sale de mis ojos, pobre,
se me marcha por tus campos,
coge azules, brillos, olas,
alegrías,
las dádivas de tu espacio.
Cuando vuelve, vuelve toda
encendida de regalos.
Reina se siente; las dichas
con que tú la has coronado.
¡De lo claro que lo enseñas
qué sencillo es el milagro!

Si bien se guarda en los ojos,
nunca pasa, lo pasado.
¿Conservar
un amor entre unos brazos?
No. En el aire de los ojos,
entre el vivir y el recuerdo,
suelto, flotando,
se tiene mejor guardado.
Aves de vuelo se vuelan,
tarde o temprano.
Los ojos son los seguros;
de allí no se van los pájaros.
Lo que se ha mirado así,
día y día, enamorándolo,
nunca se pierde,
porque ya está enamorado.
Míralo aunque se haya ido.
Visto o no visto, contémplalo.
El mirar no tiene fin:
si ojos hoy se me cerraron
cuando te raptó la noche,
mañana se me abrirán,
cuando el alba te rescate,
otros ojos más amantes,
para seguirte mirando.

Variación XII

Civitas Dei

1

¡Qué hermosa es la ciudad, oh Contemplado,
    que eriges a la vista!

Capital de los ocios, rodeada
    de espumas fronterizas,

en las torres celestes atalayan
    blancas nubes vigías.

Flotante sobre el agua, hecha y deshecha
    por luces sucesivas,

los que la sombra alcázares derrumba
    el alba resucita.

Su riqueza es la luz, la sin moneda,
    la que nunca termina,

la que después de darse un día entero
    amanece más rica.

Todo en ella son canjes —ola y nube,
    horizonte y orilla—,

bellezas que se cambian, inocentes
    de la mercadería.

Por tu hermosura, sin mancharla nunca
    resbala la codicia,

la que mueve el contrato, nunca el aire
    en las velas henchidas,

hacia la gran ciudad de los negocios,
    la ciudad enemiga.

2

No hay nadie, allí, que mire; están los ojos
    a sueldo, en oficinas.

Vacío abajo corren ascensores,
    corren vacío arriba,

transportan a fantasmas impacientes:
    la nada tiene prisa.

Si se aprieta un botón se aclara el mundo,
    la duda se disipa.

Instantánea es la aurora; ya no pierde
    en fiestas nacarinas,

en rosas, en albores, en celajes,
    el tiempo que perdía.

Aquel aire infinito lo han contado;
    números se respiran.

El tiempo ya no es tiempo, el tiempo es oro,
    florecen compañías

para vender a plazos los veranos,
    las horas y los días.

Luchan las cantidades con los pájaros,
    los nombres con las cifras:

trescientos, mil, seiscientos, veinticuatro,
    Julieta, Laura, Elisa.

Lo exacto triunfa de lo incalculable,
    las palabras vencidas

se van al camposanto y en las lápidas
    esperan elegías.

¡Clarísimo el futuro, ya aritmético
    mañana sin neblinas!

Expulsan el azar y sus misterios
    astrales estadísticas.

Lo que el sueño no dio lo dará el cálculo;
    unos novios perfilan

presupuestos en tardes otoñales:
    el coste de su dicha.

Sin alas, silenciosas por los aires,
    van aves ligerísimas,

eléctricas bandadas agoreras,
    cantoras de noticias,

que desdeñan las frondas verdecientes
    y en las radios anidan.

A su paso se mueren —ya no vuelven—
    oscuras golondrinas.

Dos amantes se matan por un hilo
    —ruptura a dos mil millas—;

sin que pueda salvarle una mirada
    un amor agoniza,

y hundiéndose el teléfono en el pecho
    la enamorada expira.

Los maniquíes su lección ofrecen,
    moral desde vitrinas:

ni sufrir ni gozar, ni bien ni mal,
    perfección de la línea.

Para ser tan felices las doncellas
    poco a poco se quitan

viejos estorbos, vagos corazones
    que apenas si latían.

Hay en las calles bocas que conducen
    a cuevas oscurísimas:

allí no sufre nadie; sombras bellas
    gráciles se deslizan,

sin carne en que el dolor pueda dolerles,
    de sonrisa a sonrisa.

Entre besos y escenas de colores
    corriendo va la intriga.

Acaba en un jardín, al fondo rosas
    de trapo sin espinas.

Se descubren las gentes asombradas
    su sueño: es la película,

vivir en un edén de cartón piedra,
    ser criaturas lisas.

Hermosura posible entre tinieblas
    con las luces se esquiva.

La yerba de los cines está llena
    de esperanzas marchitas.

Hay en los bares manos que se afanan
    buscando la alegría,

y prenden por el talle a sus parejas,
    o a copas cristalinas.

Mezclado azul con rojo, verde y blanco,
    fáciles alquimistas

ofrecen breves dosis de retorno
    a ilusiones perdidas.

Lo que la orquesta toca y ellos bailan,
    son todo tentativas

de salir sin salir del embolismo
    que no tiene salida.

Mueve un ventilador aspas furiosas
    y deshoja una Biblia.

Por el aire revuelan gemebundas
    voces apocalípticas,

y rozan a las frentes pecadoras
    alas de profecías.

La mejor bailarina, Magdalena,
    se pone de rodillas.

Corren las ambulancias, con heridos
    de muerte sin heridas.

En Wall Street banqueros puritanos
    las escrituras firman

para comprar al río los reflejos
    del cielo que está arriba.

3

Un hombre hay, que se escapa, por milagro,
    de tantas agonías.

No hace nada, no es nada, es Charlie Chaplin,
    es éste que te mira,

somos muchos, yo solo, centenares
    las almas fugitivas

de Henry Ford, de Taylor, de la técnica,
    los que nada fabrican

y emplean las nubes vagabundas
    ojos que no se alquilan.

No escucharán anuncios de la radio;
    atienden la doctrina

que tú has ido pensando en tus profundos,
    la que sale a tu orilla,

ola tras ola, espuma tras espuma,
y se entra por los ojos toda luz,
    y ya nunca se olvida.

Muerte del sueño

Nunca se entiende un sueño
más que cuando se quiere a un ser humano,
despacio, muy despacio,
y sin mucha esperanza.

Por ti he sabido yo cómo era el rostro
de un sueño: sólo ojos.
La cara de los sueños
mirada pura es, viene derecha,
diciendo: «A ti te escojo, a ti, entre todos»
como lo dice el rayo o la fortuna.
Un sueño me eligió desde sus ojos,
que me parecerán siempre los tuyos.

Por ti supe también
cómo se peina un sueño.
Con qué cuidado parte sus cabellos
con una raya que recuerda
a la estela que traza sobre el agua
la luna primeriza del estío.
Mi mano, o una sombra de mi mano,
o acaso ni una sombra,
la memoria, tan sólo, de mi mano
jamás acarició una cabellera
tan lenta y tan profunda
como la de ese sueño que me diste.
En el pelo, en el pelo de tu sueño
fueron mis pensamientos enredándose,
entrando poco a poco, y se han perdido
tan voluntariamente en él que nunca
los quiero rescatar: su gloria es ésa.
Que estén allí, que duermas
sobre las despeinadas
memorias que mi alma te ha dejado,
entretejidas en su cabellera.

Por ti he cogido a un sueño de las manos.
Por ti mi mano de mortal materia,
ha tocado los dedos
tan trémulos, tan vagos,
como sombras de chopos en el agua,
con los que un sueño roza al mundo
sin que apenas lo sienta
nadie más que la frente consagrada.
Por ti he cogido un sueño de las manos,
o de las que parecen manos, alas.
Las he tenido entre las mías,
un año y otro año y otro año,
como se tienen las de un ser que va a marcharse,
fingiendo que es para decirle adiós,
pero con tal ternura al estrecharlas,
que renuncia a su fuga y nuestro tacto,
de adiós se nos trasmuta en bienvenida.

Por ti aprendí el lenguaje
tan breve y misterioso de los sueños.
Cabría en el cristal
de una gota de agua.
Está hecho de dos letras cuyos trazos
aluden con su recta y con su curva
a la humana pareja, hombre y mujer,
«Sí» dice, sólo «sí».
Los sueños nunca dicen otra cosa.
Nos dicen «sí» o se callan en la muerte.

Por ti he sabido cómo andan los sueños.
Llevan los pies desnudos
y parecen más altos todavía.
El alma por que cruzan se nos queda
como la playa que primero holló
Venus al pisar tierra, concediéndole
las indelebles señas de su mito:
las huellas de los dioses no se borran.
Entre el vasto rumor de los tacones,
que surcan las ciudades colosales,
mi oído a veces percibe
un rumor leve como de hoja seca,
o de planta desnuda: es que te acercas,
por las celestes avenidas solas,
es que vienes a mí, desde mi sueño.

He sabido por ti de qué color
es la sangre de un sueño. Yo la he visto
cuando un día le abriste tú las venas
escapar dulcemente, sin prisa, como el día
más hermoso de abril, que no quisiera
morirse tan temprano y se desangra,
despacio, triste, recordando
la dicha de su vida:
su aurora, su mañana, sin rescate.

Por ti he asistido, porque lo quisiste,
al morirse de un sueño.
Poco a poco se muere
como agoniza el campo en el regazo
crepuscular, por orden de la altura.
Primero, lo que estaba al ras de tierra,
la hierba, la primer oscurecida;
luego, en el árbol, las cimeras hojas,
donde la luz, temblando se resiste,
y al fin el cielo todo, lo supremo.
Los sueños siempre empiezan a morirse
por los pies que no quieren ya llevarlos.
Como el cielo de un sueño está en sus ojos
lo último que se apaga es su mirada.

Y por ti he visto lo que nunca viera:
el cadáver de un sueño.
Lo veo, día a día, al levantarme, aquí, en mi cara
(Has vuelto tu mirar hacia otro rostro.)
Me lo siento en las manos,
enormes fosas llenas de su falta.
Está yacente: tumba le es mi pecho.
Me resuena en los pasos
que van, como viviendo, hacia mi muerte.
Ya sé el secreto último:
el cadáver de un sueño es carne viva,
es un hombre de pie, que tuvo un sueño,
y alguien se lo mató. Que vive finge.
Pero ya, antes de ser su propio muerto,
está siendo el cadáver de un sueño.
Por ti sabré, quizá, cómo viviendo
se resucita aún, entre los muertos.

La falsa compañera

Yo estaba descansando
de grandes soledades
en una tarde dulce
que parecía casi
tan tierna como un pecho.
Sobre mí, ¡qué cariño
vertían, entendiéndolo
todo, las mansas sombras
los rebrillos del agua,
los trinos, en lo alto!
¡Y de pronto la tarde
se acordó de sí misma
y me quitó su amparo!
¡Qué vuelta dio hacia ella!
¡Qué extática, mirándose
en su propia belleza,
se desprendió de aquel
pobre contacto humano,

que era yo, y me dejó,
también ella, olvidado!
El cielo se marchó
gozoso, a grandes saltos
—azules, grises, rosas—,
a alguna misteriosa
cita con otro cielo
en la que le esperaba
algo más que la pena
de estos ojos de hombre
que le estaban mirando.
Se escapó tan de prisa
que un momento después
ya ni siquiera pude
tocarlo con la mano.
Los árboles llamaron
su alegría hacia adentro;
no pude confundir
a sus ramas con brazos
que a mi dolor se abrían.
Toda su vida fue
a hundirse en las raíces:
egoísmo del árbol.
La lámina del lago,
negándome mi estampa,
me dejó abandonado
a este cuerpo hipotético,
sin la gran fe de vida
que da el agua serena
al que no está seguro
de si vive y la mira.
Todo se fue. Los píos
más claros de los pájaros
ya no los comprendía.
Inteligibles eran
para otras aves; ya
sin cifra para el alma.
Yo estaba solo, solo.
Solo con mi silencio;

solo, si lo rompía,
también, con mis palabras.
Todo era ajeno, todo
se marchaba a un quehacer
incógnito y remoto,
en la tierra profunda,
en los cielos lejanos.
Implacable, la tarde
me estaba devolviendo
lo que fingió quitarme
antes: mi soledad.
Y entre reflejos, vientos,
cánticos y arreboles,
se marchó hacia sus fiestas
trascelestes, divinas,
salvada ya de aquella
tentación de un instante
de compartir la pena
que un mortal le llevaba.
Aun volvió la cabeza;
y me dijo, al marcharse
que yo era sólo un hombre,
que buscara a los míos.
Y empecé, cuesta arriba,
despacio, mi retorno
al triste techo oscuro
de mí mismo: a mi alma.

El inocente

I

¿Esta sombra pareja que me sigue
apenas raya el sol, es culpa mía?
¿Cuál luminosa ley quebré yo al mundc
que así me lo reprocha, y me castiga
a este negro trasunto de mi cuerpo?
Ella no olvida lo que yo he olvidado,
implacable, recuerda mi malhecho,
que yace en mí, de mí desconocido,
como las campas de algas que en el seno
del mar, sombrías guardan sus designios
mientras la espuma, arriba, nada sabe,
y vive, sin sospecha, en lo purísimo.
Testigo me es fatal, de aquel delito,
olvidado, de un daño, un daño antiguo
que he debido de hacer. ¿A quién? Acaso
al aire, un poco de aire, aire ovalado,

vestido de color, y en piel delgada.
De niño rompí un globo. ¿Es ése el crimen,
constante sombra, dime,
que me reprochas en tu oscura lámina?

Ni sí, ni no, ni voz, ni gesto. Tiende
su estancada negrura, charco mudo
a mis pies. Y en su orilla
—Narciso extraño de mi propia sombra—
con la mirada a mi mejor me busco,
al que tanto se niega, a mi inocente.
Calar, calar las ondas sucesivas,
error y más error, y así cruzando
concéntricas tinieblas, entreluces,
dar por fin con aquel que fui primero,
con el que soy, debajo de mis hechos.
¿Mis hechos? Vaga historia, formas turbias,
sucesión de ademanes carceleros,
en los que día a día, noche a noche
me voy volviendo yo mi propio preso.
Pero aun me queda fe en esa blancura
rectangular, en tantos escenarios
a sufrir condenada sin remedio
veloces fechorías,
pasiones aparentes, falsos besos.
Suyos parecen por pasar por ella.
Pero cuando retornan a sus tedios,
después del «Fin» las gentes, y a la máquina
infernal se le paran los enredos,
vuelta a la soledad, toda desnuda,
se ve la tela blanca, blanca, blanca,
inmaculada, ajena a las maldades,
que en ella unos extraños cometieron.

No soy mi crimen, aunque en mí se hizo.
No soy mi sombra. Viene leve un hilo
de voz que sale de su noche
a distinguirme a mí de mi pecado.
Me llama mi inocente. ¿Desde dónde?

II

Todavía no lo sé.
Entre los gritos de aquí
no se le oye bien.

Me vocea, me vocea:
¿desde un ayer?
Hacia un ayer corro. No,
eso no era él.

Escucho. Otra vez
se oye su voz delgadísima,
diciéndome: «Ven.»

Y parece de otro lado:
de un mañana.
Pero tan tenue suena,
tan tenue en este tropel
de voces de alrededor,
que el pie
a ningún paso se atreve,
por si es o no es.

El dónde no se lo encuentro,
pero algo
que a mí nunca me ha engañado
le conoce el quién.

III

Lo que esa nube en la mañana escriba
quizá me diga.

Los giros de ese hilo en el encaje
¿son una clave?

Doncella, la que ociosa se columpia,
algo me apunta.

Sílabas deslumbrantes del anuncio
¿marcan un rumbo?

De infante la cometa voladora
¿sirve de proa?

Reflejo de un edén en ese azogue...
¡Si fuera norte!

Diccionario. ¿Por orden alfabético
se va al secreto?

Caballo en carrusel, y sin jinete
puede que lleve...

Esa marmórea exactitud, la cifra,
poco ilumina.

¿Es que con tanto signo y tanta seña
nada hay que acierta?

¡Sí! ¡Ya! ¡El ave, cartógrafo del aire,
es el que sabe!

IV

Tras de tanto buscarlo en lo profundo
me lo encontré en el cénit: mi inocente.
cuerpo voltario, ingrávido
juglar, interminable juglaría
de su ser, por el aire, trapecista.
Sin nadar, sin volar, sin tocar tierra,
liberto de las leyes del contacto
del delfín, de la alondra o de la hormiga,
su vida, entre trapecios, suspendida.
Sí, mi inocente se quedó en el circo,
función de tarde, jueves, felicísima.
Su tiempo puro el sumo mediodía,
equidistante de los dos crepúsculos,
donde el principio y el final se olvidan;
redondez de las doce,
que ni recuerda que empezó en aurora,
ni siente que en un véspero termina.
Tiempo redondo, centro
de concéntricos gozos, hora limpia,
cielo del circo, allí mi siempre puro
con sus saltos bosqueja por el aire
lo que alguien, si supiese, escribiría.
Nuevo alfabeto se hace, y se deshace,
volatines inventa, rapidísimas
palabras, de un trapecio a otro trapecio,
como versos elásticos, tendidas.
Corporal canto, desprendidamente
yendo y viniendo; a nada más aspira
que a mecerse en el aire. Eterno absuelto
de signo de bondad o de malicia,
igual que sus hermanos, los luceros,
los lentos trapecistas,
que atraviesan los circos de la noche,
en sus juegos gozándose, sin prisa,
mientras que abajo, a rumbos los traducen
navegantes en busca de otras Indias.

Ya di con mi inocente, no en la sombra.
A sus giros me vuelvo, como a guías
de afanes indecisos:
volatines que él traza por el aire
modelos pueden ser, que yo los siga.
Y sus funambulismos, gracia pura,
invención sin misterio, allá en su cima
al llegar al nivel de las palabras,
se me vuelven a mí sabiduría.
Con cada esguince de su leve cuerpo
alguna frase de su luz me dicta.
Al escribirlas yo son ya penumbras,
luces mal traducidas.
La altura no se entiende. Inevitable
es, entre todas, esta lejanía,
vertical de lo bajo y de lo alto,
del sol y de la nieve que él inspira.
Así los dos, los fieles separados:
ni yo le llamo ni a subir me invita.
Dejarle allí, en su aire, no es el mío.
Nunca iniciar la burda tentativa
de volver a ser uno, de juntarnos.
Sueltos vivir, fatalmente perdidos,
sin, nunca más, perdernos ya de vista.
Sea nuestra unidad, tan alejados,
la obediencia a la ley que nos desliga.
Vislumbro salvación: es el respeto
al inocente mío, al trapecista;
guardar, guardar, acordes, la distancia
que al hombre le distingue de su sueño.
Al hombre, mientras viva.

Sí reciente

No te quiero mucho, amor.
No te quiero mucho. Eres
tan cierto y mío, seguro,
de hoy, de aquí,
que tu evidencia es el filo
con que me hiere el abrazo.
Espero para quererte.
Se gastarán tus aceros
en días y noches blandos,
y a lo lejos turbio, vago,
en nieblas de fue o no fue,
en el mar de el más y el menos,
como te voy a querer,
amor,
ardiente cuerpo entregado,
cuando te vuelvas recuerdo,
sombra esquiva entre los brazos.

Amada exacta

Tú aquí delante. Mirándote
yo. ¡Qué bodas
tuyas, mías, con lo exacto!

Si te marchas, ¡qué trabajo
pensar en ti que estás hecha
para la presencia pura!

Todo yo a recomponerte
con sólo recuerdos vagos:
te equivocaré la voz,
el cabello ¿cómo era?,
te pondré los ojos falsos.

Tu recuerdo eres tú misma.
Ahora ya puedo olvidarte
porque estás aquí, a mi lado.

La sin pruebas

¡Cuando te marchas, qué inútil
buscar por dónde anduviste,
seguirte!
Si has pisado por la nieve
sería como las nubes
—su sombra—, sin pies, sin peso
que te marcara.
Cuando andas
no te diriges a nada
ni hay senda que luego diga:
«Pasó por aquí».
Tú no sales del exacto
centro puro de ti misma:
son los rumbos confundidos
los que te van al encuentro.
Con la risa o con las voces
tan blandamente
descabalas el silencio

que no le duele, que no
te siente:
se cree que sigue entero.
Si por los días te busco
o por los años
no salgo de un tiempo virgen:
fue ese año, fue tal día,
pero no hay señal:
o dejas huella detrás.
Y podrás negarme todo,
negarte a todo podrás,
porque te cortas los rastros
y los ecos y las sombras.
Tan pura ya, tan sin pruebas
que cuando no vivas más
yo no sé en qué voy a ver
que vivías,
con todo ese blanco inmenso
alrededor, que creaste.

La nube que trae un viento,
las palabras que traen pena,
otras palabras las limpian,
otro viento se la lleva.

Si unos ojos se te niegan
cuando les das tu mirada,
tú no dejes de mirarlos,
espera.
También se marcha la luz,
y aguardan las infinitas
miradas de las estrellas,
toda la noche, a que vuelva.
La luz es dicha redonda.
No se va; cuando se va,
va camino de su vuelta,
a los ojos que alumbró.
La luz nunca estará muerta.

Si escapa de entre tus manos
esas manos que has tenido
tanto, tanto tiempo en ellas,
ajustadas a tu sueño
como el río a sus riberas,
no las cierres.
El agua es fiel a su cauce,
él, solo, puede adentrarle
por sus caminos seguros
al destino que le espera.
De tierra tus manos son,
tenlas abiertas
lo mismo que el cauce tiene
la otra, la suya, su tierra.
Volverán agua y amor:
a nadie deja vacías
las manos la primavera.

Si es que tu besar se encuentra
sin labios que le besaban,
no es que tu boca se esté
ya para siempre soltera.
Los pájaros tienen alas
que del árbol se los llevan.
Pero las ramas
de donde arrancó ese vuelo
saben lo que va a pasar
cuando echen las hojas nuevas.
Esos labios que no quieren
volverán a su querencia:
la boca en que se posaron
sus besos por vez primera.
No desesperes, amor,
tú tendrás lo que deseas:
si eres amor, de verdad
lo imposible siempre llega.

Felicidad. Destilada
por el tiempo en sus colmenas,
por horas que van y vienen
por el aire, o son abejas.
Aprende paciencia, amor:
el mundo es hechura alegre
de una celeste paciencia.
Ni los estrelleros saben
cuánto siglo sobre siglo
ha tardado esta belleza.
Y ahora, tan hermoso todo,
donde se posan los ojos
te espera una recompensa.
Mira:
aquí tienes a la rosa,
ayer cerrada, hoy abierta.

Santo de palo

¿Quién escogió aquel árbol, de entre todos?
Qué mirada, en silencio, dijo: ¡Ese!
¿Cuál hacha le libró de la conforme
servidumbre selvática,
de la insensible pena de ser bosque?

Ahora, a sus pies,
arden las llamas, llamas menudas día y noche;
por cada llama alguien quiere una cosa.
De aquellos mismos campos donde estuvo,
vienen
sus hermanos menores, exquisitas
criaturas, las flores; se le apiñan
allí junto, en los búcaros.
Un hálito que brota de sus cálices,
un frescor que traducen de los cielos,
le dicen delicada-
mente que abril ya llueve.

«Nosotros, pecadores,
sí, por nosotros reza, pecadores.»

Trascendida madera,
si ahora le devolvieran a su suelo,
allí entre sus hermanos arraigados,
que empiezan a echar hoja,
a él, sin raíces, y su tronco,
de oro, todo y colores,
de humanidad, su tronco disfrazado,
sus familiares de antes, vegetales,
con voces de extrañeza le hablarían.

«¿Quién eres tú? ¿Dónde tus ramas, dónde
las hojas que solías?
¿No sientes ya que el viento te hace música?
¿De dónde te sacaron la mirada
y su tristeza? ¿Dónde están tus nidos?
¿Los pájaros, te quieren?
¿Vienen en ti a vivirse, todavía?»

«Nosotros, pecadores.
Sí, por nosotros reza pecadores.»

«Soy santo. Mis raíces
son la vida y la muerte de un hombre de hace siglos.
Soy su carne, sin carne.
Ni mi cuerpo ni el suyo
de pecado supieron; así, iguales.
Mi cielo no es el vuestro, está más alto.
Hombres, mujeres, vienen, se me hinojan,
hablan bajo; yo entiendo y no los oigo.
Alzan a mí miradas tan profundas
que las siento con algo que no es mío,
que no es vuestro, es de él.
Separado nos han, hermanos vegetales,
ya de tanto rezarme, ya de tanto
quererme. Vuestro hermano
aún soy en las entrañas
sordas de la materia primitiva.

De vosotros me siento
cuando el calor de agosto, entre mis fibras
me chasca la pintura. Pero alguien
entre vetas y nudos,
como los vuestros, que en ceniza acaban,
me ha encendido
arder que no termina, luz de inmortalidad:
me ha puesto un alma.
Susurros suplicantes
allí a mis pies, el aire de los rezos,
ese es mi viento.
Y las almas, ahora, son mis pájaros.»

¿Acompañan las almas? ¿Se las siente?
¿O lo que te acompañan son dedales
minúsculos, de vidrio,
cárceles de las puntas, de las fugas,
rosadas, de los dedos?

¿Acompañan las ansias? ¿Y los «más».
los «más», los «más» no te acompañan?
¿O tienes junto a ti sólo la música
tan mártir, destrozada
de chocar contra todas las esquinas
del mundo, la que tocan
desesperadamente, sin besar,
espectros, por la radio?

¿Acompañan las alas, o están lejos?
Y dime, ¿te acompaña
ese inmenso querer estar contigo
que se llama el amor o el telegrama?

¿O estás sola, sin otra compañía
que mirar muy despacio, con los ojos
arrasados de llanto, estampas viejas
de modas anticuadas, y sentirte desnuda,
sola, con tu desnudo prometido?

A veces un no niega
más de lo que quería, se hace múltiple.
Se dice «no, no iré»
y se destejen infinitas tramas
tejidas por los síes lentamente,
se niegan las promesas que no nos hizo nadie
sino nosotros mismos, al oído.
Cada minuto breve rehusado,
—¿eran quince, eran treinta?—
se dilata en sin fines, se hace siglos,
y un «no, esta noche no»
puede negar la eternidad de noches,
la pura eternidad.
¡Qué difícil saber adonde hiere
un no! Inocentemente
sale de labios puros, un no puro;
sin mancha ni querencia
de herir, va por el aire.

Pero el aire está lleno
de esperanzas en vuelo, las encuentra
y las traspasa por las alas tiernas
su inmensa fuerza ciega, sin querer,
y las deja sin vida y va a clavarse
en ese techo azul que nos pintamos
y abre una grieta allí.
O allí rebota
y su herir acerado
vuelve camino atrás y le desgarra
el pecho, al mismo pecho que lo dijo.
Un no da miedo. Hay que dejarlo siempre
al borde de los labios y dudarlo.
O decirlo tan suavemente
que le llegue
al que no lo esperaba
con un sonar de «sí»,
aunque no dijo sí quien lo decía.

Aquí
en esta orilla blanca
del lecho donde duermes
estoy al borde mismo
de tu sueño. Si diera
un paso más, caería
en sus ondas, rompiéndolo
como un cristal. Me sube
el calor de tu sueño
hasta el rostro. Tu hálito
te mide la andadura
del soñar: va despacio.
Un soplo alterno, leve
me entrega ese tesoro
exactamente: el ritmo
de tu vivir soñando.
Miro. Veo la estofa
de que está hecho tu sueño.

La tienes sobre el cuerpo
como coraza ingrávida.
Te cerca de respeto.
A tu virgen te vuelves
toda entera, desnuda,
cuando te vas al sueño.
En la orilla se paran
las ansias y los besos:
esperan, ya sin prisa,
a que abriendo los ojos
renuncies a tu ser
invulnerable. Busco
tu sueño. Con mi alma
doblada sobre ti
las miradas recorren,
traslúcida, tu carne
y apartan dulcemente
las señas corporales,
por ver si hallan detrás
las formas de tu sueño.
No lo encuentran. Y entonces
pienso en tu sueño. Quiero
descifrarlo. Las cifras
no sirven, no es secreto.
Es sueño y no misterio.
Y de pronto, en el alto
silencio de la noche,
un soñar mío empieza
al borde de tu cuerpo;
en él el tuyo siento.
Tú dormida, yo en vela,
hacíamos lo mismo.
No había que buscar:
tu sueño era mi sueño.

Cuando te digo: «alta»
no pienso en proporciones, en medidas:
incomparablemente te lo digo.
Alta la luz, el aire, el ave;
alta, tú, de otro modo.

En el nombre de «hermosa»
me descubro, al decírtelo,
una palabra extraña entre los labios.
Resplandeciente visión nueva
que estalla, explosión súbita,
haciendo mil pedazos,
de cristal, humo, mármol,
la palabra «hermosura» de los hombres.

Al decirte a ti: «única»,
no es porque no haya otras
rosas junto a las rosas,
olivas muchas en el árbol, no.
Es porque te vi sólo
al verte a ti. Porque te veo ahora
mientras no te me quites del amor.
Porque no te veré ya nunca más
el día que te vayas,
tú.

Pasajero en museo

What leaf-fringed legend haunts about thy shape
            Of deities or mortals, or of both
            In Tempe or the dales of Arcady?
                                        JOHN KEATS

Non, non¡... Debout! Dans l'ère successive!
        Brisez, mon corps, cette forme pensive.
                                        PAUL VALÉRY

No me miréis ya más,
criaturas salvadas,
a mí, pobre de mí.
Vosotros, sabios barbas blancas,
vidas puras sentadas en sillones,
lentos destiladores
de lección en lección, por las vigilias,
de la última verdad,
la sin voz, la que a nadie podréis dar,

la prisionera triste,
que en la humedad os tiembla de los ojos.
Vosotras, quizá diosas, o mujeres,
ya en perpetua paz con vuestra carne,
felices habitantes del desnudo,
cada cual satisfecha confinada
en la isla prodigiosa que la traza
el tendido contorno de su cuerpo;
los pechos, ahora estrellas, por distantes,
inaccesiblemente luminosos,
casta luz administran, desde lejos.
Vosotros, cristalinos
párvulos, libertados
del enemigo que os crece dentro
mientras jugáis, jugando, día a día:
el adulto adversario de los juegos;
a salvo os estáis de la corriente,
aparte en el remanso del juguete
tan claro
que a la felicidad se le ve el fondo.
Con esos ojos de ultravida, vivos,
a mí, a mí me miráis, desvanecido
mortal, que vine a veros,
tan cegado de historias y catálogos
que os daba por muertos.
Medio oculta en tu fausto, tú princesa,
Isabel, Juana, Clara Eugenia, y más:
la suficiente anónima, por bella,
que domina, sin nombre, a las nombradas;
pompa de terciopelo abullonado,
el cuello, lirio, la sonrisa, apenas,
y al fondo los imperios de las nubes.
Tú, mozo egipcio, con mirar de brasa,
tan joven consumido en pura llama
que no sabrás jamás de tu ceniza.
Tú, en pie, dama holandesa, alma en los ojos
—que no se ven—leyendo
una carta, esa hoja amarillenta
suelta de un indeciso continente,

detrás, en la pared, mapa de octubre;
absorta toda, menos una mano;
las puntas de sus dedos acarician
pensando que son teclas de algún clave,
ovalados recuerdos que los mares
que no se apartan nunca de tu cuello.
Tú, mártir ofrecido a los ultrajes,
colmándote de heridas y de escarnios,
hermana tu paciencia de la rama
tiernamente doblada
bajo el peso de pájaros y pájaros.

Allí detrás estáis, amurallados
en resplandor estático, frontera
de la paz y la lucha, duros brillos
que os guardan, rectángulos dorados.
Dentro, vosotros, quietos. Y yo, fuera,
del otro lado errante
y condenado a serlo, y a mis pasos
y a innumerables ruedas, y hasta alas;
que echando voy mi vida sucesiva
de quehacer en quehacer, de gesto en gesto
sobre el espacio blanco de los días
pobre imagen de cine
huyendo de haz en haz, sin encontrarse.
(Yo, que sueño en las rocas de la cima
que definen la sierra, y en su oficio
de aleccionar sin falla al peregrino
a fuerza de estar quietas, de ser fieles
a su inmovilidad sobre los cielos.)
Y aquí estoy, frente a otras: criaturas
a tiempo, para siempre, detenidas
en sólo una actitud, la que eterniza.
Estoy frente al doncel
que besa a la que besa. (Y no a las otras.)
Frente al noble que escoge,
elección es la mano sobre el pecho.
(Desdeñado el estoque,
el rosario sin dedos.)

Frente al cuerpo de ninfa, encaprichada
en no envolver sus gracias más que en ellas,
negándose a las telas.
(Las telas, enrolladas, tristemente,
tafetán, raso, brocatel de seda,
ellas, las que podían haber sido
ajustadas estrofas de su gloria.)
La honda conformidad con que aceptasteis
cifrar la vida toda en un momento,
a una mirada reducir los ojos,
con los labios servir a sólo un beso,
os ganó esa morada en que os miro:
la gran vida absoluta.
La dicha está segura, ahí, a ese lado;
la vida que se para es lo inmortal,
la que acepta su marco.
Se os ve en vuestro ahora, el elegido,
como al agua, más clara, más perfecta,
en la mínima esfera de la gota
que no en infinitudes de oceano.
Parada permanente en un instante
que a sí mismo se basta y se corona.
Ya no hay peligro, inmóviles, libertos
del movimiento, origen de ¡quién sabe!
(El movimiento riesgo, mil cuchillas,
mil víctimas presuntas, las hormigas
al andar, y mi aliento y las estrellas
que empaño, si respiro, fatalmente.
Y tantos automóviles sin ángeles
sacerdotes del ídolo: atropello.)
Ya tenéis abolido lo siguiente,
lo inmediato, el terror de lo que viene
—lo que se quiere y luego no se quiere—
y se le oyen los pasos
que avanzan por los largos corredores
laberínticos, que hay en los relojes.
Vuestra vida es de cima, calma augusta.
Nunca pasará nada en ese cuadro,
irá, vendrá, la luz por nuestros cielos,

y en ese azul no hay soles que se pongan.
Aureos arrecifes, en los marcos
se estrella sin cesar lo relativo
y ni su blanca espuma os alcanza.

Y yo, pobre de mí,
que traje mis miradas, tan cansinas
de trashumancias, mi rebaño triste
a apacentarse en esos tiernos verdes
de los paisajes y de las miradas,
me veo a mí, me lloro. Porque nunca
estaré con vosotros.
Siento la orden constante por mis venas:
transcurrir, sin parada,
de ansia a minuto, de minuto a ansia,
escapar de mí mismo, por buscarme,
huirme de entre mis manos, como un agua
que cojo en ellas y que gota a gota
me las deja vacías.
Por vosotros no lloro, que estáis muertos;
lloro por mi morir, que va corriendo
aquí en mi pulso sin poder pararlo,
porque la vida, dicen, dicen, dicen,
es eso, es un correr, sin paradero.
De mi invencible resistencia sufro
a entender la verdad del coro vuestro,
cántico en amarillos, verdes, blancos,
cántico que me grita por la vista
en este gran silencio de museo.
Sí, vuestra salvación fue la renuncia
a lo que hay a este lado de los marcos;
vivir, seguir, querer seguir viviendo,
abrir los ojos otra vez, cerrarlos
otra vez, con la fe del día nuevo.
Perdido estoy, mi sangre
quiere que siga siendo,
escoge, contra mí, contra vosotros,
la gran mortalidad: el movimiento.

Agudo son en vez de ángel flamígero
—el timbre de las cinco—
de tanto edén al vacilante arroja.
Traspaso el gran umbral y me resigno,
a un escalón tras otro, a más descenso;
bajando voy, cayendo. Y salgo al mundo
por la Quinta Avenida y el primer
sábado del otoño. Mano oculta
en guante, hoja de octubre, hasta mí llega
y me toca la frente: sacramento,
confirmación, la vida me confirma
por hijo suyo, inevitable muerto.
De pronto una hermosura de este mundo
me hiere como un rayo: es el aviso
de mi mortalidad—bocina, ruedas—
burlador, que me roza, ligerísimo.
¡Cuánta aventura, atravesar la calle!
Aparto de mi lado al distraído
—eterno compañero—
y ojo avizor prolongo, paso a paso,
calle abajo, sin rumbo, vigilado
por veinte Argos de cuarenta pisos,
esta vida fugaz, que se negó
a quedarse parada entre las barras
que son del paraíso áureo precio.

También hay decisión, allá en lo alto:
nubes acuden, porque acaba el día,
nubes doradas, por los cuatro lados
a ofrecerle su marco a la hermosura
celeste de esta tarde, y que se quede.
Pero ella hermana inmensa
igual que yo declina eternidades.
Su pasar ella, el mío yo, aceptamos:
su noche, que ya viene, y mi mañana.

Ahora te quiero,
como el mar quiere a su agua:
desde fuera, por arriba,
haciéndose sin parar
con ella tormentas, fugas,
albergues, descansos, calmas.
¡Qué frenesíes, quererte!
¡Qué entusiasmo de olas altas,
y qué desmayos de espuma
van y vienen! Un tropel
de formas, hechas, deshechas,
galopan desmelenadas.
Pero detrás de sus flancos
está soñándose un sueño
de otra forma más profunda
de querer, que está allá abajo:
de no ser ya movimiento,
de acabar este vaivén,

este ir y venir, de cielos
a abismos, de hallar por fin
la inmóvil flor sin otoño
de un quererse quieto, quieto.
Más allá de ola y espuma
el querer busca su fondo.
Esa hondura donde el mar
hizo la paz con su agua
y están queriéndose ya
sin signo, sin movimiento.
Amor
tan sepultado en su ser,
tan entregado, tan quieto,
que nuestro querer en vida
se sintiese
seguro de no acabar
cuando terminan los besos,
las miradas, las señales.
Tan cierto de no morir
como está
el gran amor de los muertos.

De noche la distancia
parece sólo oscuridad, tiniebla
que no separa sino por los ojos.
El mundo se ha apagado,
pasajera avería del gozo de mirarse;
pero todo
lo que se quiere cerca,
está al alcance del querer, cerquísima,
como está el ser amado, cuando está
su respirar, el ritmo de su cuerpo,
al lado nuestro, aunque sin verse.
Se sueña
que en la esperanza del silencio oscuro
nada nos falta, y que a la luz primera
los labios y los ojos y la voz
encontrarán sus términos ansiados:
otra voz, otros ojos, otros labios.

Y amanece el error. La luz separa.
Alargando las manos no se alcanza
el cuerpo de la dicha, que en la noche
tendido se sentía junto al nuestro,
sin prisa por trocarlo en paraíso:
sólo se palpan soledades nuevas,
ofertas de la luz. Y la distancia
es distancia, son leguas, años, cielos;
es la luz, la distancia. Y hay que andarla,
andar pisando luz, horas y horas,
para que nuestro paso, al fin del día,
gane la orilla oscura
en que cesan las pruebas de estar solo.
Donde el querer, en la tiniebla, piensa
que con decir un nombre
una felicidad contestaría.
Y cuando en la honda noche se nos colman
con júbilos, con besos o con muertes,
los anhelosos huecos,
que amor y luz abrieron en las almas.

Nocturno de los avisos

¿Quién va a dudar de ti, la rectilínea,
que atraviesas el mundo tan derecha
como el asceta, entre las tentaciones?
Todos acatan, hasta el más rebelde,
tus rigurosas normas paralelas:
aceras, el arroyo,
los rieles del tranvía,
tus orillas, altísimos ribazos
sembrados de ventanas, hierba espesa,
que a la noche rebrilla
con gotas del eléctrico rocío.
Infinita a los ojos
y toda numerada, a cada paso
un algo nos revelas
de dos en dos, muy misteriosamente:
setenta y seis, setenta y ocho, ochenta.
¿Marca es de nuestro avance hacia la suma

total, esclavitud a una aritmética
que nos escolta, pertinaz pareja
de pares y de impares,
recordando a los pájaros
esta forzosa lentitud del hombre?
¿O son, como los años, tantas cifras
señas con que marcar en la carrera
sin señales del tiempo, a cada vida,
las lindes del aliento,
año de cuna, año de tumba, texto
sencillo de dos fechas
que cabe en cualquier losa de sepulcro?
¿Llegaré hasta qué número? Quizá
tú no sabes tampoco adónde acabas.
Tu número cien mil, si tú pudieras
prolongarte, ya muerta, sin tus casas,
seguir, por el espacio, así derecha,
¿no sería la Arcadia, y dos amantes,
a la siesta tendidos en la grama,
antes de Cristo y de los rascacielos?
Nunca respondes, hasta que es de noche,
cuando en lo alto de tus dos orillas
empiezan los eléctricos avisos
a sacudir las almas indecisas.

«¡Lucky Strike, Lucky Strike!» ¡Qué refulgencia!
¿Y todo va a ser eso?
¿Un soplo entre los labios,
imitación sin canto de la música,
tránsito de humo a nada?
¿Naufragaré en el aire, sin tragedia?
Ya desde la otra orilla, otros destellos
me alumbran otra oferta:
«White Horse. Caballo blanco.» ¿Whisky? No.
Sublimación, Pegaso.
Dócil sirviente antiguo de las musas,
ofreciendo su grupa de botella,
al que encuentre el estribo que le suba.
¿Cambiaré el humo aquél por su poema?

¡Cuantas más luces hay, más hay, de dudas!
Tu piso, sí, tu acera, están muy claros,
pero rayos se cruzan en tus crestas
y el aire se me vuelve laberinto,
sin más hilo posible que aquí abajo:
el hilo de un tranvía sin Ariadna.
¡Qué fácil, sí, perderse en una recta!
Nace centelleante, otra divisa,
un rumbo más, y confusión tercera:
«¡Dientes blancos, cuidad los dientes blancos!»
Se abre en la noche una sonrisa inmensa
dibujada con trazos de bombillas
sobre una faz supuesta en el espacio.
¡Tan bien que me llevabas por tu asfalto,
cuando no me ofrecías tus anuncios!
Ahora, al mirarlos, no hay nada seguro,
para las mariposas, que se queman
un millar por minuto en torpes aras.
No sé por dónde voy más que en el suelo.
Y sin embargo el alba no se alquila.
Lo malo son las luces, las hechizas
luces, las ignorantes pitonisas
que responden con voces más oscuras
a las oscuras voces que pedían.
Ya otra surge,
más trágica que todas: «Coca Cola.
La pausa que refresca.» Pausa. ¿En dónde?
¿La de Paolo y Francesca en su lectura?
¿La del Crucificado entre dos mundos,
muerte y resurrección? O la otra, ésta,
la nada entre dos nadas: el domingo.
Van derechos los pasos todavía:
quebrada línea, avanza, triste, el alma:
tu falsa rectitud no la encamina.
Fingiendo una alegría de arco iris
pluricolor se enciende otra divisa:
«Gozad del mundo. Hoy, a las ocho y treinta.»
La van a defender cien bailarinas
con la precisa lógica de un cuerpo

que argumenta desnudo por el aire
mientras que las coristas,
con un ritmo de jazz, van repitiendo
aquel sofisma, aquel, aquel sofisma.
¿A eso llevabas? ¿El final, tan simple?
¿Vale la pena haber llegado al número
seiscientos veintisiete,
y encontrarse otra vez con nuestros padres?
Mas no será. Ya el príncipe constante,
que vuelve, si se fue, que no se rinde,
con su grito de guerra: «Dientes blancos,
no hay nada más hermoso», nos avisa,
contra la gran tramoya
que no se cansan de cantar los besos.
El dentífrico salva:
meditación, mañana tras mañana,
al verse en el espejo el esqueleto;
cuidarlo bien. Los huesos nunca engañan,
y ellos han de heredar lo que dejemos.
Ellos, puro resumen de Afrodita
poso final del sueño.
                              Ya no sigo.
Incrédulo de letras y de aceras
me sentaré en el borde de la una
a esperar que se apaguen estas luces
y me dejen en paz, con las antiguas.
Las que hay detrás, publicidad de Dios,
Orión, Cefeo, Arturo, Casiopea,
anunciadoras de supremas tiendas,
con ángeles sirviendo
al alma, que los pague sin moneda,
la última, sí, la para siempre moda,
de la final, sin tiempo, primavera.

Nadadora de noche, nadadora
entre olas y tinieblas.
Brazos blancos hundiéndose, naciendo,
con un ritmo
regido por designios ignorados,
avanzas
contra la doble resistencia sorda
de oscuridad y mar, de mundo oscuro.
Al naufragar el día,
tú, pasajera
de travesías por abril y mayo,
te quisiste salvar, te estás salvando,
de la resignación, no de la muerte.
Se te rompen las olas, desbravadas,
hecho su asombro espuma,
arrepentidas ya de su milicia,
cuando tú les ofreces, como un pacto,
tu fuerte pecho virgen.

Se te rompen
las densas ondas anchas de la noche
contra ese afán de claridad que buscas,
brazada por brazada, y que levanta
un espumar altísimo en el cielo;
espumas de luceros, sí, de estrellas,
que te salpica el rostro
con un tumulto de constelaciones,
de mundos. Desafía
mares de siglos, siglos de tinieblas,
tu inocencia desnuda.
Y el rítmico ejercicio de tu cuerpo
soporta, empuja, salva
mucho más que tu carne. Así tu triunfo
tu fin será, y al cabo, traspasadas
el mar, la noche, las conformidades,
del otro lado ya del mundo negro,
en la playa del día que alborea,
morirás en la aurora que ganaste.

¿Cómo me vas a explicar,
di, la dicha de esta tarde,
si no sabemos porqué
fue, ni cómo, ni de qué
ha sido,
si es pura dicha de nada?
En nuestros ojos visiones,
visiones y no miradas,
no percibían tamaños,
datos, colores, distancias.
De tan desprendidamente
como estaba yo y me estabas
mirando, más que mirando,
mis miradas te soñaban,
y me soñaban las tuyas.
Palabras sueltas, palabras,
deleite en incoherencias,
no eran ya signo de cosas,

eran voces puras, voces
de su servir olvidadas.
¡Cómo vagaron sin rumbo,
y sin torpeza, caricias!
Largos goces iniciados,
caricias no terminadas,
como si aun no se supiera
en qué lugar de los cuerpos
el acariciar se acaba,
y anduviéramos buscándolo,
en lento encanto, sin ansia.
Las manos, no era tocar
lo que hacían en nosotros,
era descubrir; los tactos,
nuestros cuerpos inventaban,
allí en plena luz, tan claros
como en la plena tiniebla,
en donde sólo ellos pueden
ver los cuerpos,
con las ardorosas palmas.
Y de estas nadas se ha ido
fabricando, indestructible,
nuestra dicha, nuestro amor,
nuestra tarde.
Por eso aunque no fue nada,
sé que esta noche reclinas
lo mismo que una mejilla
sobre ese blancor de plumas
—almohada que ha sido alas—,
tu ser, tu memoria, todo,
y que todo te descansa,
sobre una tarde de dos,
que no es nada, nada, nada.

El cuerpo, fabuloso

¿Qué sería de mí si tú no fueses
invisibilidad, toda imposible?

Miro tranquilo a tantos maniquíes
—mitología en los escaparates
a cuyos pies las almas sin amante
rezan por un momento cuando pasan
y cosechan sus sueños de la noche—,
porque tú vas vestida
con los cendales de lo nunca visto,
del color del recuerdo que te busca.

No me inquieta la luna, núbil, tierna
cuando otra vez inicia su creciente
doblemente afilado
de juventud y blancura —tan agudo
que decapitará a las esperanzas
más puras de la nieve,
comparando su blanco con su blanco—,
porque en ti, traslumbrada,
como no se te ve, nunca hay reflejo,
sino la luz sin par, la que rechaza
toda comparación con lo que existe.

Veo tranquilamente cómo avanzan
por esos turbios cielos del periódico
las bandadas diarias de las cifras,
cotizaciones de la bolsa, diosas,
dueñas de los destinos, decidiendo
que el precio de la dicha
—que está siempre en el coste del carbón,
del whisky, del canario, o de las risas
que necesitan los hogares jóvenes—
sea más accesible que otros años,
o que algunas pistolas que tenían
a las seis, cinco balas,
a las seis y un segundo tengan cuatro,
en la mano de un hombre, por el suelo.
No necesito el oro, porque a ti,
como no se te ve, no se te puede
comprar con más moneda
que los minutos lentos y redondos
de largas noches en que no se duerme
porque nos invadió la pena inútil
de que al ponerse el sol se encienden tantas
luces y sus colores, por el mundo
—agüeros de películas y bailes,
faros de la alegría— tantas tantas,
menos tus ojos, frente a mí.

Oigo llamar a dulces criaturas,
con esos nombres o alas por el aire:
Mirtila, Soledad, Amparo, Cándida
—en los que nada hay de ellas y son ellas,
porque los llenan gota a gota, día
a día con sus vidas, claros sones
a los que ávidamente nos asimos
para no confundirlas
con su hermana, su sombra o con la nada—,
sin volverme jamás, por si eres tú.
Como no se te ve, sólo te nombran
los labios de la lluvia en los oídos
eternamente sordos de los lagos,
las ruedas de los trenes cuando cruzan
los campos donde pastan las gacelas,
las tentativas de los violines
o alguna boca sola que en el sueño
recuerda una palabra, entre las ruinas,
de algún idioma hundido con la Torre.

Sin el menor dolor sé ya las fugas
que por los tubos de las chimeneas
mientras se toma el té y se habla
de arte negro, de Einstein o del *Ulises,*
emprenden como chispas las promesas
—aquéllas, las más firmes—
hacia su conversión en puros astros,
después de estar un día con nosotros,
diciendo: «Siempre, siempre.»
Y luego, desde arriba,
a los cinco o diez años
de haber llegado nos harán sus señas
de luces por las noches,
para que nos creamos
que allí en el cielo sí pueden ser nuestras.
Tú, es decir, lo imposible,
no puedes escaparte,
porque estás hecha de la misma huida.

Y te beso, te beso,
a ti, paradisíaca,
descubriéndote toda lentamente
como el hombre primero descubría
otro menor Edén con otra sombra,
sin temor a que mueras, o a que salgas
del eterno jardín y se te vea,
andando por las calles de la tierra,
vestida de mujer a nuestro lado.
Porque tu cuerpo impar, tenso y desnudo,
nunca te hará visible. Sólo puede
en las noches nevadas
ocultarte mejor, y por un tiempo
que a veces se confunde con la vida,
por lo veloz que pasa, hacerse carne,
e inventar una fábula:
que alguien crea que existe, que le estrecha,
y que es capaz de amor. Y que le ama.

¡Pasmo de lo distinto!
¡Ojos azules, nunca
igual a ojos azules!
La luz del día este
no es aquella de ayer,
ni alumbrará mañana.
En infinitos árboles
del mundo, cada hoja
vence al follaje anónimo,
por un imperceptible
modo de no ser otra.
Las olas,
unánimes en playas,
hermanas, se parecen
en el color del pelo,
en el mirar azul
o gris, sí. Pero todas
tienen letra distinta
cuando cuentan sus breves
amores en la arena.

¡Qué gozo, que no sean
nunca iguales las cosas,
que son las mismas! ¡Toda,
toda la vida es única!
Y aunque no las acusen
cristales ni balanzas,
diferencias minúsculas
aseguran a un ala
de mariposa, a un grano
de arena, la alegría
inmensa de ser otras.
Si el vasto tiempo entero,
río oscuro, se escapa,
en las manos nos deja
prendas inmarcesibles
llamadas días, horas,
en que fuimos felices.

Por eso los amantes
se prometen los siempres
con almas y con bocas.
Viven de beso en beso
rodando, como el mar
se vive de ola en ola,
sin miedo a repetirse.
Cada abrazo es él, solo,
único, todo beso.
Y el amor al sentirlo
besa, abraza sin término,
buscando
un más detrás de un más,
otro cielo en su cielo.
Suma, se suma, suma,
y así de uno más uno,
a uno más uno, va
seguro a no acabarse:
toca
techo de eternidad.

Ellos. ¿Lo ves, di, los sientes?
Están hechos de nosotros,
nosotros son, pero más.
Al pasar
frente a espejos no los vemos.
Al mirarnos,
en mis ojos, en tus ojos,
ya se los empieza a ver:
ellos
somos nosotros queriéndonos,
queriendo tu más, mi más.
Lo que fuimos, lo que somos,
¡qué empezar torpe, tan sólo,
qué tanteo entre tinieblas,
hacia lo que ellos serán!
¿Cómo vamos a querer
vivir más en lo que éramos?
Vivir es vivirse en ellos.

Y aunque entreguemos al mundo,
y a los días y a los ojos,
esas imágenes viejas,
usadas, de ti y de mí,
—lo que somos—
nosotros vamos, arriba,
hechos ellos, por lo alto,
flotando en el paraíso
de lo que anhelamos ser.

Y hay que hacer todo por ellos.
Fatígate, si te pide
su descanso tu fatiga.
No le rompas su mañana,
que es de cristal de esperar.
No les digas: «no». Tu «no»,
te mataría, en su pecho.
¡Que se salven!
Y si el precio es una vida
que se parece a la nuestra,
tú no te equivoques nunca:
la nuestra es la de ellos, ya.

Lo *inútil*

Me haces falta en la vida
porque no eres el pan
nuestro de cada día.
Porque no se te triza con los dientes
y así se lleva al cuerpo nueva fuerza
con que pedir mañana, lo que ayer:
lo mismo, otra vez pan, hasta la muerte.

Me haces falta
porque tú no te empiezas en las uvas
y acabas en delirio o en mentira.
Porque no eres el vino
en que unos hombres desenamorados
encuentran las palabras
de amor, las que les dicen
a un espectro de amiga descotada
en trescientos salones, de once a doce.
Embriaguez que tú inspiras es hermana
de balanza en el fiel o mediodía.

Me haces falta
porque no eres la luz amanecida
a la hora que la anuncian los diarios,
la luz que hiere al despertar los ojos
siempre en la misma cicatriz, ayer.
Tan de pronto te alumbras, imprevista,
que hay que esperarte, sin saber por cuál
oscuridad vendrás, dolor o noche.

Me haces falta
porque no se distingue tu materia.
No eres del raso o de los terciopelos
que el gran dolor consuelan del desnudo.
No del metal que ciñe en cerco de aire
para que no se escapen
las promesas del día de las bodas.
Ni eres, casi tampoco, de tu carne.
El inocente tacto
—ilusión antiquísima y con guantes
de que el mundo es tangible y se le toca—,
en el marfil atina con el canto,
en el metal con las precisas letras,
con el amor en la trémula mano.
Pero a ti no te acierta, y de buscarte
vacío todo vuelve, y derrotado.

Me haces falta
porque no eres un techo, ni los muebles,
ni lecho blando ni candada puerta.
Me amparas sin confines ni tejado.
En templanza infinita me cobijas
como en marzo, al final, el aire, al pájaro.

Me haces falta
porque a ti nunca te cortejan jueces
en busca de verdades, ni el filósofo.
Nunca tienes razón, y así, no matas.
Ni hay angustiado al que le des la prueba
de que existe en el mundo
algo más que un afán de que algo exista.
Innecesaria pura, puro exceso,
tú, la invisible sobra de las cuentas
que el mundo se va echando,
contable triste, siglo a siglo historia,
sin ti todos se pasan.
                              Menos yo. Yo que sé
que tú, la demasía, tú la sobra,
en estos cortos cálculos del suelo,
eres, en una altísima
celesta matemática
que los astros aprenden por las noches
y nunca el hombre, exacta-
mente lo que me falta.
Y todo está entendido:
el sino de la vida es lo incompleto.

Nube en la mano

Se siente una lluvia cerca.
A esa nube gris, piomiza,
que por su altura navega,
tan sin prisa soñadora,
se le puede ver el rumbo:
es un jardín;
el sueño se le descifra:
es una rosa.

¡Qué aparente lo marmóreo,
qué indecisa su firmeza!
Su tenue ser vaporoso
con encarnaciones sueña
vislumbradas,
desde arriba, aquí, en la tierra.
Con tiernas formas intactas
que, invisibles todavía,
aun no abiertas,

puras vísperas de flor,
en algún jardín esperan
a que llueva agua de mayo,
a que llueva.

Llueve ya.
La nube inicia su tránsito
por el aire, y la ciudad
se trastorna, cuando llega.
En los llanos del asfalto
luminosa brota yerba
repentina, son reflejos.
Los suelos todos se pueblan
de radiante césped trémulo,
y en la insólita pradera
saltan las ancas brillantes
de las más extrañas bestias,
todas de curvos colores,
que pastan las luces frescas.

Agua de mayo, lloviendo
la nube está.
¿Y ha de quedar todo en eso?
¿Acaba así tanta altura,
en paraguas callejeros?
No. En su oficina, un vergel,
la vieja alquimia prepara
su divino arte secreto.
Esperan botón, capullo,
algo,
aunque de la tierra venga,
más celeste que terreno.
Lento, se empapa el jardín
de lo que antes era cielo.
Muy despacio, tallo arriba
la nube gris va subiendo.
Su gris se le torna rosa,
lo fosco se vuelve tierno.

Perfecciones que soñara,
errabunda, por los cielos,
la nube se las realiza
en el capullo que ha abierto.
Y aquella deriva lenta,
por los anchos firmamentos,
en suave puerto termina:
en la calma de unos pétalos.

¿Quién de menos la echaría,
quién va a decir que se ha muerto,
si en el azul absoluto
falta su bulto sereno?
Está aquí, que yo lo siento,
olor de nube, en la flor,
celeste, en tierra, resuello.
Y si ayer vapor la vi,
en mi mano está su peso,
ahora, leve; y sus celajes
en carmines los poseo.

Feliz la nube de mayo,
que en esta o aquella rosa
cumple su sino perfecto.
Feliz ella y feliz yo,
que la tengo.

Despertar

Sabemos, sí, que hay luz. Está aguardando
detrás de esa ventana
con sus trágicas garras diamantinas,
ansiosa
de clavarnos, de hundirnos, evidencias
en la carne, en los ojos, más allá.
La resistimos, obstinadamente,
en la prolongación, cuarto cerrado,
de la felicidad oscura
caliente, aun, en los cuerpos, de la noche.
Los besos son de noche, todavía:
y nuestros labios cavan en la aurora,
aun, un espacio el gran besar nocturno.

Sabemos, sí, que hay mundo.
Testigos vagos de él, romper de olas,
los ruidos, píos de aves, gritos rotos,
arañan escalándolo, lloviéndolo,
el gran silencio que nos reservamos,
isla habitada sólo por dos voces.
Del naufragio tristísimo, en el alba,
de aquel callar en donde se abolía
lo que no era nosotros en nosotros,
quedamos solos,
prendidos a los restos del silencio,
tú y yo, los escapados por milagro.

«¡Tardar!», grito del alma.
«¡Tardar, tardar!», nos grita el ser entero.
Nuestro anhelo es tardar.
Rechazando la luz, el ruido, el mundo,
semidespiertos, aquí, en la porfiada
penumbra, defendemos,
inmóviles,
trágicamente quietos,
imitando quietudes de alta noche,
nuestro derecho a no nacer aún.
Los dos tendidos, boca arriba,
el techo oscuro es nuestro cielo claro,
mientras no nos lo niegue ella: la luz.

El cuerpo, apenas visto, junto al cuerpo,
detrás del sueño, del amor, desnudos,
fingen
haber sido así siempre
vírgenes de las telas y del suelo,
creen
que no pisaron mundo.
Aquí en nuestra batalla silenciosa
—¡no, no abrir todavía, no, no abrir!—
contra la claridad, está latiendo
el ansia de soñar que no nacimos,
el afán de tardarnos en vivir.

Nuestros cuerpos se ignoran sus pasados;
horizontales, en el lecho, flotan
sobre virginidades y candor:
juego pueril es su abrazar.
Estamos
mientras la luz, el ruido,
no nos corrompan con su gran pecado,
tan inocentemente perezosos,
aquí en la orilla del nacer.
Y lo que ha sido ya, los años,
las memorias llamadas nuestra vida,
alzan vuelos ingrávidos, se van,
parecen sombras, dudas de existencia.
Cuando por fin nazcamos
abierta la ventana —¿quién, tú o yo?—
contemplaremos asombradamente
a lo que está detrás, incrédulos
de haber llamado nuestra vida a aquello,
nuestro dolor o amor. No.
La vida es la sorpresa en que nos suelta
como en un mar inmenso,
desnudos, inocentes,
esta noche, gran madre de nosotros:
vamos hacia el nacer.
Nuestro existir de antes
presagio era. ¿No le ves al borde
de su cumplirse, tembloroso, retrasando
desesperadamente, a abrazos,
la fatal caída en él?
Y al despedirnos —¡ya la luz, la luz!—
de lo gozado y lo sufrido atrás,
se nos revela trasparentemente
que el vivir hasta ahora ha sido sólo
trémulo presentirse jubiloso,
—antes aun de las almas y su séquito—
pura promesa prenatal.

En un trino

Soy feliz en un trino
tembloroso de pájaro
que alguien mandó bajar
hasta este desamparo
a decir que se vuelve
con los ojos cerrados,
sin moverse, siguiéndole
a aquel mundo perdido
donde hubo tanto canto.

Soy feliz por el verde
tierno que está apuntando
en esas hojas nuevas,
las que tanto tardaron,
sin que desesperase,
ni en las nieves más blancas,
de esperarlas, el árbol.
Fe, se la dio el recuerdo:
en la oscura memoria
de frondas que pasaron
futuros se sentían
de innumerables mayos.

Soy feliz en el aire,
dejándome en sus brazos
volar donde ellos vuelen
a sus rumbos, sin clave,
mejores que mis pasos.
Me ciñen, me arrebatan
sin sentir casi. Porque
el aire lleva al colmo
las ternuras del tacto.
Y tan puro es su cuerpo
que el mayor arrebato
en que su amor me envuelve
es igual al descanso.

Soy feliz en la luz,
en luz enajenado.
Huyo, salgo de mí,
entro en ella y me aclaro.
Tan dorada dulzura
abejas misteriosas,
que están al otro lado
del día, en las colmenas
nocturnas, la fabrican,
libando en los jardines
de los luceros altos.

No quiero ser dichoso,
caricias, con mis manos.
No quiero ser feliz
en besos, en los labios,
sin cesar inventores
de espléndidos engaños:
ni con el alma casi
quisiera. Hay almas torpes.
Ahora voy retirándome
ya de mí, hacia vosotros,
inevitables sabios
del aire, por el aire.
Feliz seré mirando
a las felicidades
que susurran, que vuelan
de la rama y del pájaro,
lentamente olvidado
de mí, ya sin memoria.
Feliz por los caminos
que cerrados tenía
y me abren los vilanos.
Lo que yo no acerté
otros me lo acertaron.

Ésta

¡Cuánto olor en esta rosa!
Si el regalo de hoy, traído
por el alba mandadera,
puro presente, parece,
respiro
en su temporal delicia
siglos de olores de rosa,
miles
de vergeles escondidos
—Sevillas o Babilonias,
Versalles, quizá, o Egiptos—
en los pensiles del tiempo.
Aspirando estoy en ésta
diverso aroma, y el mismo:
el de ella, en mi mano, aquí,
y detrás un largo aroma
de rosas, rosas más rosas,
fragantes desde su ayer:
aroma de desolvidos.

¿Marchitos
tantos pétalos pasados?
¿Muertos?
            Nunca muertos. Vivos
ante mis ojos, en esta
rosa que va, con divino
paso, del alba a la noche;
tan señora de su ritmo
de sin pereza y sin prisa,
tan sin miedo a su destino
de ser breve, que se encuentra
su grandeza allí: en lo mínimo.
¿Su ternura? Engaño era:
rosa más dura que peña.
Mentira su breve sino.
Más que piedras de tronchados,
ella durará, obeliscos.
Y en su tallo, más que en ellos
colúmpiase un infinito.

El dolor

No. Ya sé que le gustan
cuerpos recientes, jóvenes,
que le resisten bien
y no se rinden pronto.
Busca carnes rosadas,
dientes firmes, ardientes
ojos que aun no recuerdan.
Los quiere más. Así
su estrago
no se confundirá
con el quemar del tiempo,
arruinando los rostros
y los torsos derechos.
Su placer es abrir
la arruga en la piel fresca,
romper los puros vidrios
de los ojos intactos
con la lágrima cálida.
Doblar la derechura

de los cuerpos perfectos,
de modo que ya sea
más difícil mirar
al cielo desde ellos.
Sus días sin victoria
son esos en que quiebra
no más que cuerpos viejos,
en donde el tiempo ya
tiene matado mucho.
Su gran triunfo, su júbilo
tiene color de selva:
es la sorpresa, es
tronchar la plena flor,
las voces en la cima
del cántico, los altos
mediodías del alma.

Yo sé cómo le gustan
los ojos.
Son los que miran lejos
saltando por encima
de su cielo y su suelo,
y que buscan al fondo
tierno del horizonte
esa grieta del mundo
que hacen azul y tierra
al no poder juntarse
como Dios los mandó.
Esa grieta, por donde
caben todas las alas
que nos están batiendo
contra el muro del alma,
encerradas, frenéticas.

Yo sé cómo le gustan
los brazos. Largos, sólidos,
capaces de llevar
sin desmayo,
entre torrentes de años,

amores en lo alto,
sin que nunca se quiebren
los cristales sutiles
de distancia y ensueño
de que está hecha su ausencia.

Yo sé cómo le gustan
las bocas y los labios.
No los vírgenes, no,
de beso: los besados
largamente, hondamente.
Los muertos sin besar
no conocen el filo
de la separación.
El separarse es
dos bocas que se apartan
contra todo su sino
de estar besando siempre.
Y por eso las bocas
que ya besaron son
sus favoritas. Tienen
más vida que quitar:
la vida que confiere
a toda boca el don
de haber sido besada.

Yo sé cómo le gustan
las almas. Y por eso
cuando te tengo aquí
y te miro a los ojos,
y el alma allí te luce,
como un grano de arena
celeste, estrella pura,
con sino de atraer
más que todas las otras,
te cubro con mi vida,
y aquí en mi amor te escondo.

Para que no te vea.

La desterrada

Tú, ruiseñor, que solías
despertarme al quiebro del alba,
¿por qué me dejas dormir
hasta la luz alta?

¿Será porque yo vine
—soy la extrañada—,
mientras se quedó tu canto
tan buena ausencia guardándome,
junto a mi ventana?

¿Porque estoy yo aquí, será,
de ti distanciada,
por horas, horas y horas,
por tierras y mares anchas?
¿Por qué yo estoy aquí y tú
estás donde estabas?

Parada

¡Qué trémulo es el estar
de recién llovida gota
en la hoja
de este arbusto! Cuando iba
fatal, de la nube al suelo,
la delgada hojilla verde
corta su paso
y la para. ¡Qué milagro!
¿La va a salvar de la tierra,
que está tan cerca, a tres palmos,
ávida esperando?
¿O será sólo descanso,
desesperada estación
colgante, allí en el camino
desde su arriba a su abajo?
¿La hojilla, verde antesala
sólo, breve, deliciosa,
de su tránsito?

Esta vida, columpiándose,
no es vida, dulce es retraso
de un morir que no perdona.
Un destino se estremece
en la punta de este ramo,
cuando el pesar de la gota
hace inclinarse a la hoja,
ya casi rendida. Pero
si hay algo letal que oprime
algo verde hay que resiste;
si algo hay que hacia un suelo llama,
algo hay trémulo, que salva.

Y la hoja
se doblega, va cediendo,
con su gran menuda carga,
de tanto y tanto cristal
celeste; mas no lo rinde,
otra vez se yergue y alza,
su luz diamante, en volandas.
Morir, vivir, equilibrio
estremecido: igual pesan
en esta verde balanza.
Puro silencio, el jardín
se hace escenario del drama.
La pausa entre vida y muerte
fascinada tiene, toda
sin aliento, a la mañana.
De miedo, nada se mueve.
La inminencia de un peligro
—muerte de una gota clara—
crea en torno ondas de calma.
¿Y ahora...?
Si no sopla un aire súbito,
si un pájaro violento
que no sabe lo que ocurre
no se cala en el arbusto,
si un inocente que juega
al escondite no viene
a sacudir esta rama.

Si el sol, la luna, los astros,
los vientos, el mundo entero
se están quietos.
Si no pasa nada, nada,
y un presente se hace eterno,
vivirá la gota clara
muchas horas, horas largas,
ya sin horas, tiempos, siglos
así, como está,
entre la nube y el limo
salvada.

Adrede

Si por cauces, entre juncias,
en busca corre la nieve
de corales que soñó;
si redondas formas claras
por el aire van y vienen
entre raquetas o liras;
si el pájaro echa a volar
porque se abre de repente
surtidor en el silencio,
todo es adrede,
el mundo algo quiere.

Si en cortar las hojas secas
las estrellas se entretienen,
y van menguando los días;
si ese niño se equivoca
y dice: «cuatro y dos siete»,
al ver cruzar unas nubes;
si los duraznos de junio
agraces truecan por mieles,
y verdores por carmines,
todo es adrede,
el mundo algo quiere.

Si al pasar junto a un espejo
mi misma imagen me duele,
porque no es como sería;
si se rompe un mito y Dafne
llora en primavera al verse
rosados brazos sin hoja;
si grita y grita el teléfono
y la otra voz está ausente
y un porvenir agoniza,
todo es adrede,
el mundo algo quiere.

Si artera sota se acerca
de puntas sobre el tapete
y asesina al quinto sueño;
si existe amor tan ingrávido
que ningún reló le siente
y escapa a ayer o a mañana;
si palabras tan distintas
acaban por entenderse
como «abril», «mil», «beso», «peso»,
todo es adrede,
el mundo algo quiere.

Si el haragán, rey del ocio,
en yerba de abril se tiende,
silba, que silba, que silba;
si doce doncellas lloran
y ningún héroe viene
a arrancarlas de sus cifras;
si un imposible me salva
a orillas del accidente,
tirándome de mi sombra,
todo es adrede,
el mundo algo quiere.

Que aunque, villano, el azar
visibles rumbos no lleve,
el aire todo es caminos.
¿Lo casual? Hermosas máscaras
que la suerte
pone y quita, quita y pone
sobre la faz de lo adrede.
El mundo algo quiere.

Suicidio hacia arriba

Flotantes, boca arriba,
en alta mar, los dos.
En el gran horizonte solo, nadie,
nadie que mire al cielo,
nadie
a quien pueda él mirar,
sino estos cuatro ojos únicos,
cuatro, por donde al mundo
le llega el necesario
don de ser contemplado.
Fuera de los caminos de los barcos,
felices escapados del auxilio,
que sería un error contra nosotros.
Por voluntad allí desnudos. Los dos.
Con esas marcas leves
secretamente conocidas,
cicatriz, señal, mancha rosada, lunar,
misterioso bautizo

de nuestra carne
que sólo el ser amado encuentra, atónito,
siempre en su sitio, en el amor o el odio,
junto al seno,
o entre la cabellera, ocultas.
Y no más nombres ya, no más maneras
de conocernos que esas señas leves,
de la carne en la carne.
Y vagamente otras
marcas también secretas
en el rastro de alma que aún nos queda.
Los nombres se borraron
ante una luz mayor, como luceros,
en el borde del alba.

Al aire ya.
Y para no volver bajo los techos
y no ver nunca más las grietas,
terribles, que nos duelen,
al despertarnos juntos,
tornando al mundo, y la primera cosa,
es una grieta atroz, sin alma, arriba.

Hay que decir, y que lo sepan bien
los que viven aun bajo techado,
donde telas de araña se entretejen
para cazar, para agostar los sueños,
donde hay rincones
en que línea y línea se cortan
y sacrifican en fatales ángulos
su sed de infinitud,
que nosotros estamos
contentos, sí, contentos
del cielo alto, de sus variaciones,
de sus colores que prometen todo
lo que se necesita
para vivir por ello y no tenerlo.

Sin andar, ya,
despedidas las plantas de los pies,
del más triste contacto de la vida,
del suelo y sus caminos:
se acabaron los pasos y los bailes.
Viven en la alegría fabulosa
de saber que la tierra ya no vuelve,
que ya no marcharán. Están al aire;
el aire, el sol les dan triunfales signos
de libertad. Se apoyan en el agua,
sin guijarros, sin cuestas, son ya libres.

Sin ver ya nada hecho por el hombre.
Ni las telas sutiles, las sedas,
con que disimulabas tu verdad,
cuando errábamos torpes
por la ilusión sencilla de la vida.
Ni las redondas formas de cristal,
donde se maduraban, por el día,
frutos de luz, abiertos al crepúsculo,
colgando de las lámparas.
Ni las cerillas, ni las tiernas máquinas
—relojes—
donde el tiempo, entre ruedas de tormento,
perdía su bravura,
y se iba desangrando
minuto por minuto, gota a gota,
contándonos
todas las dimensiones de la cárcel.
Nada. Todo lo que hizo el hombre,
suprimido.
Y ausentes ya las pruebas de otros seres,
sus obras,
sin señas de que nadie exista,
sin la demostración desconsolada
que es tener en las manos
monedas de oro o un retrato,
no hay nada que nos pruebe

que hubo antes otros, que otros todavía
son nuestros padres, nuestros hijos, vínculos.
Podremos ya creernos
los dos primeros, últimos, sin nadie.
Ser los que abren al mundo
su puerta virgen y lo estrenan todo,
y si oyen otra voz, sólo es su eco,
y si ven una huella,
ponen la planta encima, y es la suya.
Ir tomando
—porque no hay duda ya de que nosotros,
somos los dos llamados—
posesión lenta, al fin, del paraíso.
Hundirse muy despacio,
con la satisfacción clara, en el rostro,
del último color, gris, negro, rosa,
que se queda en lo alto.
El paraíso está debajo
de todo lo supuesto, lo sabemos.
Lo supuesto es la vida y es el mar.
Y por eso desnudos, voluntarios,
lo vamos a buscar,
sumergiéndonos,
suicidas alegres hacia arriba,
en el final acierto,
de nuestra creación, que es nuestra muerte.

Pregunta más allá

¿Por qué pregunto dónde estás
si no estoy ciego,
si tú no estás ausente?
Si te veo,
ir y venir,
a ti, a tu cuerpo alto
que se termina en voz,
como en humo la llama,
en el aire, impalpable.

Y te pregunto, sí,
y te pregunto de qué eres,
de quién;
y abres los brazos
y me enseñas
la alta imagen de ti,
y me dices que mía.

Y te pregunto, siempre.

Indice

NOTA DEL EDITOR

Julio Cortázar hizo la selección de los poemas antes de que estuviera disponible el manuscrito definitivo de las poesías completas de Pedro Salinas, utilizando, por tanto, las ediciones que existían en el mercado. La corrección de pruebas se ha hecho recurriendo al manuscrito preparado por Soledad Salinas de Marichal de POESIAS COMPLETAS de Pedro Salinas para Barral Editores, S. A., Barcelona, noviembre 1971. Nótese que los poemas publicados en *Volverse sombra* aparecen en esta edición como pertenecientes a *Largo lamento* (1936-39), ya que se ha podido reconstituir substancialmente los textos de este libro, hasta ahora parcialmente inédito.

A continuación del título o primer verso de cada poema se indica su procedencia con arreglo a las abreviaturas siguientes:

213

EL CONTEMPLADO: